Maya Dimitrova

Teorias cognitivas para uma robótica socialmente competente na educação

Maya Dimitrova

Teorias cognitivas para uma robótica socialmente competente na educação

ScienciaScripts

Imprint

Cover image: www.ingimage.com

This book is a translation from the original published under ISBN 978-3-659-86952-5.

Publisher:
Sciencia Scripts
is a trademark of
Dodo Books Indian Ocean Ltd. and OmniScriptum S.R.L publishing group

120 High Road, East Finchley, London, N2 9ED, United Kingdom
Str. Armeneasca 28/1, office 1, Chisinau MD-2012, Republic of Moldova, Europe
Managing Directors: Ieva Konstantinova, Victoria Ursu
info@omniscriptum.com

Printed at: see last page
ISBN: 978-620-8-58816-8

À minha família por todo o seu amor e apoio

ÍNDICE DE CONTEÚDOS

Introdução

Com a inclusão de robôs nas actividades educativas e de ensino num futuro próximo, e com o aumento da competência cognitiva implementada na tecnologia, pessoas com diferentes estilos de aprendizagem e necessidades educativas dependerão de ferramentas sofisticadas de apoio à educação, incluindo tutores robóticos. Isto será particularmente valioso se a tecnologia robótica for implementada de forma adaptativa e intuitiva, especialmente no caso de crianças com necessidades educativas especiais. O presente livro apresenta uma abordagem que permite incluir os resultados das teorias do desenvolvimento social e cognitivo na conceção da robótica educativo-assistencial, com o objetivo de melhorar a aceitabilidade desta nova tecnologia educativa.

Capítulo 1 introduz uma definição operacional de robô educativo socialmente assistido adaptada da definição de D. Jaffe (2013) e alguns pontos de partida teóricos para analisar o processo de interação humano-robô com robôs assistentes educativos, com base no modelo probabilístico de interação processual de G.V. Jones (1987).

Capítulo 2 apresenta uma nova abordagem para a implementação da competência social em robôs educativos-assistivos. Avança a ideia de conceber estratégias educativas no contexto da interação criança-robô com base nos resultados recentes dos estudos de neurociência social de L. Schilbach (2014), que implementam métodos de ressonância magnética funcional (fMRI). É proposto um modelo educacional que descreve a interação da interação social e da observação social em crianças típicas e em crianças com condições do espetro autista (ASC). A teoria da personalidade de D.C. Funder (2006) é utilizada para explicar o processo de desenvolvimento cognitivo da criança em termos da tripla interação "situação - personalidade - comportamento". São discutidas as implicações para a conceção de sistemas robóticos de tutoria adaptados à criança e intuitivos para o aluno, destinados a crianças com necessidades educativas especiais.

Capítulo 3 utiliza a teoria da motivação social de Chevallier, Kohls, Troiani, Brodkin e Schultz (2012) para estabelecer paralelos entre os comportamentos sociais dos utilizadores e as competências dos robôs existentes no momento atual. Propõe-se um modelo de aceitação pelo utilizador de sistemas robóticos socialmente competentes, em que o utilizador é entrevistado sobre as funcionalidades desejadas do robô, desde os comportamentos mais complexos até às funcionalidades básicas relacionadas com as tarefas do robô. Esta abordagem pode fornecer ao utilizador uma compreensão saliente das questões de segurança mais importantes relacionadas com a utilização de novas tecnologias robóticas socialmente competentes.

Capítulo 4 apresenta uma análise centrada na demonstração de que a educação é possível através da melhoria robótica do processamento da Gestalt em crianças com autismo, o que não é comparável a métodos educativos alternativos, como a demonstração e a instrução fornecidas apenas por tutores humanos. O capítulo sublinha a concetualização do processamento cognitivo conhecido como estruturas Gestalt de representações holísticas no âmbito da teoria de B. Smith (1988) e descreve essas entidades psicológicas, emergentes no processo de interação humano-robô em contextos educativos. No capítulo, são formulados dois processos cognitivos - delimitação e desdobramento - e é descrito o seu papel na emergência da Gestalt. A abordagem teórica proposta explica as novas descobertas da perceção autista e fornece orientações para a conceção de robôs-auxiliares no processo de reabilitação.

Capítulo 5 discute a forma como a robótica humanoide está gradualmente a assumir novos papéis e a desempenhar tarefas normalmente referidas pelas pessoas como "profissionais". Isto exigirá a conceção de novos sensores sintéticos, capazes de captar fenómenos psicológicos complexos de uma forma semelhante à humana. O fenómeno do "Vale da Estranheza" é descrito em termos do modelo probabilístico de R. K. Moore (2012), salientando o seu contexto social mais amplo do que a sua formulação inicial por M. Mori (1971). Propõe-se no capítulo que se tenha em mente a tendência das pessoas para animar criaturas (desenhos animados, animação, contos de fadas e fantasia) como parte da sua confiança interna com o mundo externo vivo e não vivo. Esta confiança é o resultado de se concentrarem principalmente no nível social de interação com criaturas inanimadas. A perspetiva é a conceção baseada no nível social do processo de interação homem-robô ou na atitude de modelação - amigável, de apoio e empática - que pode ser um objetivo valioso para a robótica humanoide.

Capítulo 6 descreve um novo esquema concetual de manutenção da segurança de uma plataforma robótica baseado na identificação dos níveis de generalidade das tarefas incluídas nos algoritmos de segurança implementados. O nível menos geral é o nível de conceção para manter a "presença física" do robot. O nível seguinte em termos de generalidade é o nível de conceção para envolver a "presença social" do robô. O nível de generalidade mais amplo é o nível de conceção para garantir a segurança global do sistema homem-robô. Esta abordagem introduz uma estrutura no quadro da conceção para a segurança, a fim de tornar a interação homem-robô mais intuitiva e mais segura do que as actuais.

Capítulo 1. Pontos de Partida Teóricos para a Análise do Processo de Interação Homem-Robot com Robots Educativos-Assistivos

Os robôs educativos de assistência continuarão a ser vistos pelos alunos como sofisticados mas limitados periféricos informáticos na sala de aula, a menos que se tornem adaptáveis à situação de aprendizagem e intuitivos para o aluno. David Jaffe (2013) propõe uma definição operacional útil de robô de apoio: "Robô de assistência é um dispositivo que pode perceber e processar informações perceptivas e realizar actividades que são benéficas para crianças ou adultos com deficiência".

Adaptada para ser empregue no presente contexto, a definição de um robô educativo socialmente orientado é a seguinte "Um robô educativo socialmente orientado é um dispositivo eletromecânico com o software designado para receber e processar informação perceptiva e realizar actividades que são benéficas para crianças e adultos com necessidades especiais de aprendizagem". Por conseguinte, os robôs em questão no presente contexto podem discriminar e empregar capacidades cognitivas e sociais no seu comportamento, incluindo serem adaptáveis ou capazes de interação intuitiva com os seres humanos. Para conceber esses dispositivos, as teorias do processamento cognitivo baseadas na investigação recente em neurociência social e cognitiva constituem uma base útil para uma nova abordagem da interação homem-robô na educação.

A neurociência cognitiva social revela o papel premiado da situação social na sala de aula para satisfazer as necessidades interpessoais, sendo algumas implícitas, como seguir a direção do olhar ou manter o contacto visual com a outra pessoa (Chevallier et al., 2012). A implementação da competência de comunicação social nos robôs de assistência educativa ajudará a alcançar a autonomia do robô para poder tomar iniciativas educativas em relação ao aluno, sendo, no entanto, monitorizado de perto pelo tutor humano. Considera-se uma visão teórica sobre as possíveis inter-relações das áreas de investigação da robótica socialmente competente e da robótica educativa-assistencial, seguindo o quadro proposto por G. V. Jones (1987) e utilizado em (Dimitrova e Wagatsuma, 2011). Estas relações podem ser *de exclusividade, independência* e *redundância*, dependendo do grau de sobreposição, se representadas por diagramas probabilísticos de Euler-Venn (figura 1).

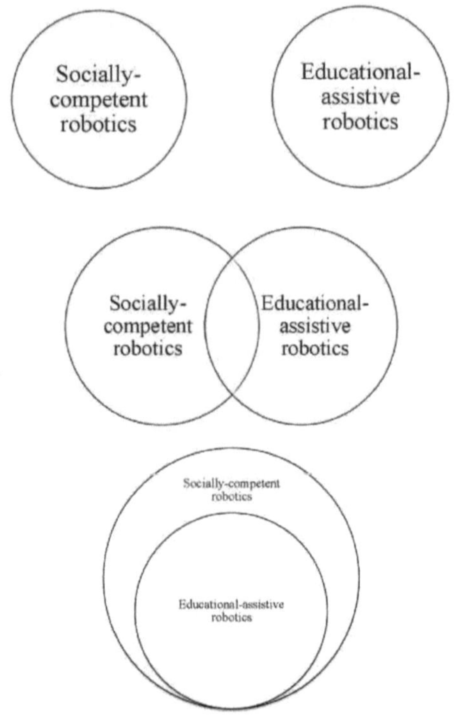

Figura 1. Possíveis inter-relações entre a robótica social e a robótica educativa - exclusividade, independência e redundância (de cima para baixo)

A exclusividade pode significar que a robótica socialmente competente (ScR) e a robótica educativo-assistiva (EaR) podem não ter nada em comum. Independência é o caso quando a ScR e a EaR partilham caraterísticas, mas de forma aleatória - a sobreposição é coincidente e não propositada. A redundância implica que uma está contida na outra e ambas partilham relações causais (figura 2).

A questão teórica de uma perspetiva sistemática é saber qual é a mais ampla - a EcR ou a SaR - no sentido em que o tipo de inter-relação é crucial para a conceção de sistemas robóticos educativos eficientes.

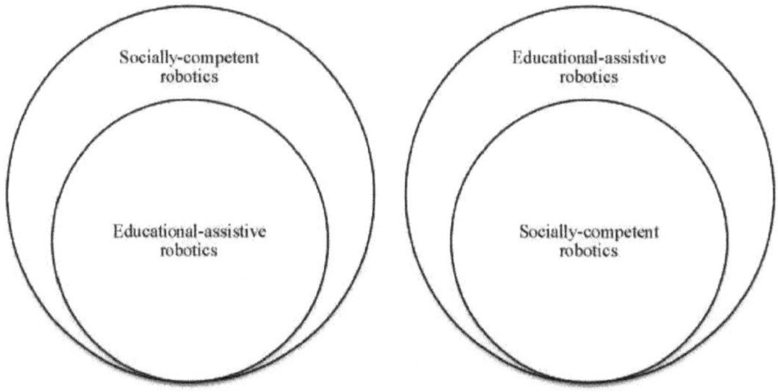

Figura 2. A robótica educativo-assistencial faz parte da robótica socialmente competente e partilha relações de causalidade (à esquerda) ou a robótica socialmente competente faz parte da robótica educativo-assistencial e partilha relações de causalidade (à direita)?

O ponto de vista apresentado no presente capítulo é que a robótica educativo-assistiva pode fazer parte da robótica socialmente competente e pode definir as estratégias educativas na interação criança-robô de uma forma mais eficiente do que no caso inverso. Isto pode ser ainda mais eficaz se as estratégias educativas se basearem na investigação recente em neurociência social, que é fundamental para a implementação da competência de comunicação social na robótica, como se verá na secção seguinte.

Capítulo 2. Influência das Teorias da Neurociência Social Cognitiva na Análise da Interação Homem-Robot com Robots Educativos-Assistivos

A investigação recente em neurociência social revelou novos princípios importantes dos mecanismos cerebrais subjacentes à aprendizagem humana, tais como "a primazia ontogenética da interação social sobre a observação" proposta por L. Schilbach (2014, p. 1), contrariamente ao pressuposto de que a aprendizagem depende do processo sequencial de instrução e demonstração, seguido de repetição. Em vez disso, "a primazia ontogenética da interação social sobre a observação" foi proposta para implicar uma compreensão simultânea da interação social, ao estilo da Gestalt, em que a emoção e a cognição desempenham um papel concertado no processo de desenvolvimento cognitivo. O conceito de Gestalt é definido e amplamente discutido no capítulo 4.

2.1. O papel da cognição social na formação das capacidades de aprendizagem humanas

A Figura 3 apresenta a adaptação da concetualização da inter-relação entre a interação social e a observação social de (Dimitrova, Wagatsuma, Tripathi, e Ai, 2015). No âmbito do quadro atual, propõe-se considerar a observação social como estando contida no processo de interação social e partilhando relações causais, ou seja, no âmbito da relação de redundância acima referida.

Schilbach faz uma distinção entre t teorias que implicam diferentes substratos neurobiológicos da cognição social: o sistema de neurónios-espelho e a chamada "rede de mentalização" (Schilbach, 2014, p. 1), referindo-se a dois sistemas funcionais aparentemente diferentes para adquirir conhecimento sobre os outros - através da empatia (neurónios-espelho) ou através da imaginação do estado mental da outra pessoa ("teoria da mente"). Ambos os relatos teóricos assumem a primazia ontogenética da observação social sobre a interação, o que é o oposto da afirmação do autor em (Schilbach, 2014).

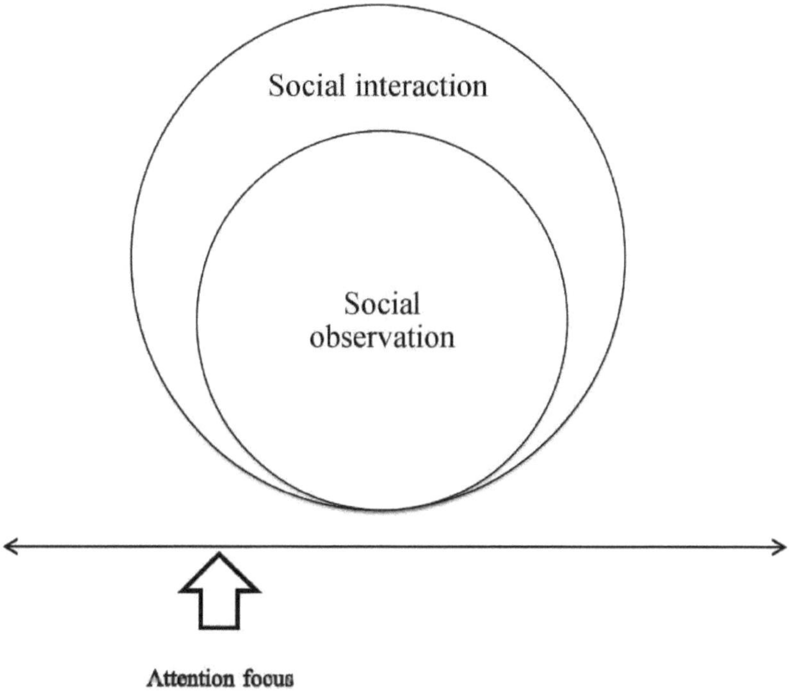

Figura 3. Proposta de relação entre interação social e observação social (Adaptado de Dimitrova et al., 2015).

No presente capítulo, propõe-se alargar a teoria de Schilbach, assumindo que a interação social contém a observação social e, por conseguinte, partilha relações causais (figura 3). Se representarmos o processo de interação social como uma dimensão que vai desde o completamente automático e espontâneo (à esquerda) - revelará respostas comportamentais no âmbito do fenómeno da atenção conjunta, ou seja, quando o olhar humano é induzido por outro desvio do olhar humano. No outro extremo (à direita), a interação social é baseada no olhar - quer num contexto de comunicação humano-humano, quer humano-robô. Neste último caso, a comunicação é intencional e subjetivamente controlável. O foco de atenção delimita a área de cognição social explícita quando a pessoa está consciente da sua própria sinalização de comunicação - neste caso - através da modulação do processo de comunicação por contacto visual.

No caso de o aprendente ser uma criança com uma condição do espetro autista (ASC) (Happe, 1999), o recurso cognitivo para a modulação da atenção é limitado - a criança está concentrada numa atividade metalizante estreita, mas profunda, tal como proposto em (Dimitrova, Vegt e Barakova, 2012). A interação social baseada no olhar está a ser evitada e a área de consciência da própria sinalização social é deslocada para mais perto do alcance automático (figura 3). Assim, a criança está consciente principalmente da sua própria sinalização social automática que a torna tímida ou pensa que este aspeto do comportamento é difícil de modular através do controlo consciente. O presente modelo é apoiado por (Duquette, Michaud, & Mercier, 2008), onde algumas das interações, como o contacto visual e a proximidade física, foram mais eficazes na condição robô-tutor. A estratégia educativa humano-robô, por conseguinte, centra-se em alargar a área de atenção para demonstrar a facilidade da modulação consciente da sinalização ocular e deixar de se concentrar na própria resposta automática aos sinais sociais dos outros, o que leva a uma melhor adaptação do robô tutor às necessidades individuais da criança (Dimitrova, Lekova, Kostova et al., 2016).

As experiências conduzidas no laboratório de Shilbach revelam interessantes correlações neurais da interação social, que até há pouco tempo eram obscurecidas, como ele salientou, por uma certa inadequação dos desenhos experimentais para a realização de tais experiências. Na maioria das vezes, pedia-se aos participantes que "imaginassem" os estados mentais de outras pessoas, o que activava as áreas cerebrais responsáveis pelo processamento explícito, como a "observação social", mas não as áreas implícitas da "interação social", como seguir o olhar da outra pessoa (que é um efeito do sistema de neurónios-espelho). Os autores realizaram experiências na tentativa de separar estas influências - implícitas das explícitas.

Os participantes, colocados num scanner de fMRI, receberam dados de rastreio ocular e viram avatares de rostos, como se seguissem o olhar de outra pessoa, gerados por esses dados (Pfeiffer, Vogeley e Schilbach, 2013; Schilbach, 2014). A hipótese testada foi a seguinte: Será que o perfil de ativação da neuroimagem será diferente quando estamos numa condição de atenção conjunta com outra pessoa do que se estivermos a ser enganados de que são eles, quando na verdade é o nosso próprio olhar? O resultado da experiência demonstrou a ativação da área "mentalizadora" do cérebro, que inicialmente se presumia ser insuscetível de reação empática, mas que fica ativa quando nos envolvemos numa condição de "teoria da mente", tentando imaginar o estado mental da outra pessoa. Este novo resultado da neurociência social apoia o ponto de vista de que a observação social está numa relação redundante com a interação social e está contida na base neurológica mais ampla da interação social. O modelo de dinâmica neural no cérebro de Wagatsuma e Yamaguchi (2007), por exemplo, pode fornecer uma explicação plausível para esta interação intuitiva com o próprio olhar.

2.2. *Teoria da personalidade de D.C. Funder para explicar o desenvolvimento cognitivo da criança*

O processo de desenvolvimento cognitivo pressuposto na presente exposição teórica é projetado na personalidade da criança no âmbito da teoria da personalidade de D.C. Funder (2006). Segundo Funder, a situação *suscita* comportamentos, enquanto a personalidade *emite* comportamentos. A situação educativa do jogo, que envolve as crianças com CSA, provoca nelas comportamentos sociais adequados e - desta forma - altera a personalidade no processo de desenvolvimento. Com o tempo, estes comportamentos (as competências sociais e de aprendizagem adquiridas) começam a ser emitidos pela personalidade da criança.

Por exemplo, as crianças com deficiência visual participaram num jogo multi-agente em (Dimitrova et al., 2012), no qual compreenderam mais rapidamente do que as crianças normais o sistema multi-agente e jogaram de forma mais concentrada com os robôs. Comunicaram menos durante o jogo. Esperava-se que esta situação se alterasse no processo de familiarização com o jogo. A "recompensa" eram os mini-robôs que imitavam o movimento da criança e o "castigo" era o robô não compreender as instruções da criança e efetuar movimentos aleatórios. Os participantes mostraram uma atitude positiva em relação ao jogo de imitação e, de acordo com a "hipótese dos recursos limitados" apresentada em Dimitrova et al. (2012), concentraram-se principalmente na interação com o robô do que em refletir sobre a comunicação social em que tinham de se envolver para fazer com que os robôs executassem a tarefa dada pelas crianças (os robôs imitavam quando as crianças concordavam com a tarefa e desobedeciam quando as crianças discordavam). Em geral, se o jogo apoiava a empatia, o sucesso (feedback do robô) provocava emoções positivas, preservando assim os recursos cognitivos. Por conseguinte, a situação educativa envolvia a imersão global da criança no processo de comunicação - humano-robô e humano-humano - que influenciava a personalidade da criança de uma forma holística do tipo Gestalt.

2.3. *Bases neurocognitivas sociais da influência do robô educativo nas crianças com ASC*

Num estudo sobre o reconhecimento de emoções, expressas por rostos humanos vs. robóticos, foram obtidos potenciais evocados do córtex visual de pessoas (Dubal, Foucher, Jouvent e Nadel, 2011). O estudo foi o primeiro registo da resposta do cérebro à emoção, mas não ao tipo de rosto - máquina ou humano. A distribuição topográfica média interpolada por spline dos potenciais evocados relacionados a eventos (ERP) na faixa de latência de P1 não mostrou diferença de acordo com a mídia, ou seja, a visualização de uma foto de um humano vs robô, mas mostrou diferença significativa de acordo com a expressão do rosto - feliz vs neutro. O reconhecimento da emoção, na opinião dos autores, surge como um processo holístico, implicitamente atribuído ao sistema percetivo visual da pessoa. Alguma Gestalt emocional está a ser processada, a um nível profundo da personalidade, apoiando o ponto de vista principal do presente capítulo de que a cognição e a emoção desempenham um papel concertado no processo da educação.

Em estudos clássicos, o chamado "efeito Zeigarnik" demonstrou que as pessoas têm uma memória superior para as actividades cognitivas interrompidas do que para as concluídas - ou seja, as tarefas mentais (Zeigarnik, B. 1955, p. 300). A memória da tarefa não resolvida permanece mais tempo, sendo constantemente recuperada nos seus vários aspectos por uma força cognitiva interna à "figura da tarefa". A emergência de uma estrutura Gestalt acrescenta forças dinâmicas, que envolvem a memória e a emoção (somos muito emotivos em relação a tarefas matemáticas ou outras tarefas resolvidas ou não resolvidas) e a tradução constante de um estado interno para outro - de uma Gestalt cognitiva para uma Gestalt emocional ou social, entendida aqui como relação figura-solo. A figura é o estado subjetivo interno, ou seja, a observação social, e o fundo é a resposta implícita subjacente como um aspeto da interação social.

A ideia da complexidade subjacente ao processamento neurológico é apoiada pelos estudos experimentais sobre a resposta celular do cérebro do macaco a rostos artificiais, analisados em (Kandel, 2013). As experiências revelaram que as áreas do cérebro que respondem ao contraste de luminância, à forma do rosto e à atenção visual estão ligadas. Deste modo, verifica-se que o efeito do quadrado de Kaniza (ver capítulo 4), o processamento da face e a orientação dos recursos cognitivos estão ligados no processo de aprendizagem e adaptação do desenvolvimento.

Numerosos estudos demonstram que as pessoas com ASC não percepcionam as figuras impossíveis como tal (Liu, Cherkassky, Minshew e Just, 2011) e são superiores na procura de figuras embutidas numa imagem (Bolte, Holtmann, Poustka, Scheurich e Schmidt, 2007). As pessoas com ASC são superiores no processamento local em detrimento do processamento global e são, por isso, menos susceptíveis ao agrupamento Gestalt (Brosnan, Scott, Fox e Pye, 2004; Behrmann, Thomas e

Humphreys, 2006). Além disso, estão menos envolvidos emocionalmente no processo de reconhecimento facial (White, O'Reilly e Frith, 2009). Se um robô estiver equipado com o conhecimento relevante dos efeitos da neurociência social para fundamentar as estratégias comportamentais robóticas, isso resultará no reforço do processamento da Gestalt em crianças com autismo.

Capítulo 3. A Teoria da Motivação Social e a Interação Homem-Robot no Autismo

O modelo de análise da aceitação de sistemas robóticos socialmente competentes baseia-se na "teoria da motivação social" proposta por Chevalier et al. (2012). A teoria fornece uma explicação biológica dos fenómenos sociais básicos, que orientam o comportamento individual. A motivação social é entendida como uma adaptação evolutiva a um ambiente de colaboração em que o "mais apto" tem o melhor desempenho. A presença social é um aspeto desse ambiente de colaboração. Sem os sinais de presença social na comunicação, o ambiente de colaboração será simplesmente um conjunto de indivíduos fisicamente presentes na vizinhança próxima. Chevalier et al. propõem a explicação de três tipos de manifestações comportamentais da motivação social:

> Orientação social;
> Procurar-querer;
> Manutenção social.

Estas manifestações são sublinhadas pelo circuito biológico do cérebro "orbitofrontal - estriado - amígdala", influenciado por neuropeptídeos específicos (oxitocina, dopamina, opoides), que participam na compreensão da sinalização social e respondem a estímulos socialmente reforçadores (Chevalier et al., 2012). Os sistemas robóticos, no caso geral, utilizam plataformas de software em vez de circuitos biológicos, em especial quando estão a ser modeladas funções conscientes.

O quadro 1 apresenta uma comparação entre a perceção de sinais de motivação social efectuada por humanos e por robôs actuais. O desempenho dos robôs é "simbólico" na sua manifestação (geralmente baseado na lógica proposicional), enquanto a comunicação humana de sinais sociais é "natural" (ou seja, menos estruturada logicamente) e espontânea. A coluna da esquerda do quadro contém as manifestações comportamentais da motivação social propostas em (Chevalier et al., 2012), apresentadas como níveis hierárquicos no desenvolvimento humano. A coluna da direita apresenta fenómenos paralelos, revelados na investigação sobre a interação homem-robô, que são úteis para um novo quadro de aceitação pelo utilizador de sistemas robóticos socialmente competentes.

O mais geral é o nível de "orientação social". Este nível caracteriza-se por uma atenção inata aos rostos, pela captação automática da atenção por sinais sociais e pelo "efeito de contacto visual". Os bebés aprendem desde muito cedo a ler estes sinais de presença social, e não física, das pessoas que os rodeiam. Os estudos sobre a perceção dos robôs pelos utilizadores revelam diversos efeitos, como o facto de as pessoas não assumirem que a principal caraterística do robô é o seu rosto (Ramey, 2006) ou o facto de o olhar do robô não captar automaticamente a atenção humana como fazem os rostos e os símbolos (Admoni, Bank, Tan, Toneva e Scassellati, 2011).

O nível seguinte, apresentado no quadro 1, denominado "Procurar - gostar", representa o valor evolutivo da socialização para as pessoas, ou seja, a natureza gratificante do contacto social. Nos seres humanos, este facto manifesta-se pelo valor de incentivo dos estímulos de recompensa social, pelo prazer experimentado na colaboração, bem como pelo chamado "efeito de sobrejustificação". Este efeito denota os casos em que as pessoas exageram o valor social dos bens materiais e, assim, justificam o seu desejo de obter coisas materiais. Este nível específico é, de facto, o principal foco da investigação em robótica social e de assistência. Uma vez que está diretamente relacionado com as emoções, os esforços de investigação estão a centrar-se em tornar os robôs simpáticos e capazes de responder às emoções (Poel, Heylen, Nijholt e Meulemans, 2007; van Breemen, Yan e Meerbeek, 2005). Sempre que o contacto social não é indireto, mas sim tátil, a interação física impõe exigências de segurança diferentes. Por exemplo, a segurança dos robots abraçáveis concebidos torna-se uma questão sensível, especialmente se a plataforma for propensa a intrusões.

As plataformas tecnológicas e de software, propostas para robots socialmente orientados, tendem a ser de fonte aberta e de maior disponibilidade. Por conseguinte, podem conter ameaças que não são óbvias à primeira vista. Em (Finnicum e King, 2011) são discutidos casos de aplicações maliciosas que podem alterar impercetivelmente o comportamento do robô para violar a privacidade do utilizador. Foi estabelecido em (van Breemen, Yan e Meerbeek, 2005) e (Merel, 2012) que as pessoas preferem robôs de personalidade semelhante - introvertidos ou extrovertidos. Se um robô introvertido se tornar subitamente alegre, pode tratar-se de uma intrusão maliciosa e não de uma mudança na emocionalidade do robô.

Ao contrário do que acontece nos filmes de ficção científica, os robôs actuais são inerentemente altruístas. A razão não se deve apenas ao facto de ser uma tarefa difícil construir um robô nocivo, mas inteligente. Os robôs estão a ser construídos para restabelecer ou reproduzir o melhor do desempenho humano, incluindo como "presença social". Não compreendem a "sobrejustificação" das coisas materiais - carros, casas, objectos pessoais, peças de arte valiosas, artigos de luxo. Um robô tem dificuldade em distinguir "o seu próprio dono" - ou seja, um humano de outro (Finnicum e King, 2011). Por conseguinte, para os robôs actuais, a funcionalidade é a qualidade mais elevada de um artigo e não o aspeto de um objeto ser propriedade de alguém.

A comparação acima referida das manifestações da "motivação social" nos seres humanos e nos robots revela que são muito mais complementares do que concorrentes. Juntos, as pessoas e os robots têm um desempenho melhor do que sozinhos e ajudam-se mutuamente de uma forma sem precedentes e imprevista. Para se tornarem mais difundidos e mais aceites na realização de tarefas que exijam "memorização, capacidades perceptivas apuradas e orientação para o serviço" (Takayama, Nass e Ju, 2008), podem ser propostos novos designs centrados na "manutenção social".

O nível de "Manutenção social" na tabela 1 inclui estratégias comportamentais que as pessoas utilizam para aumentar o seu estatuto na sociedade. Estas estratégias incluem a orientação para a valorização de si próprio e/ou dos outros, a gestão da própria reputação, bem como o chamado "efeito camaleão", quando as pessoas imitam os modelos mais desejados. Os sistemas robóticos socialmente competentes podem contribuir enormemente para melhorar o funcionamento da sociedade em geral, se forem concebidos com competências de comunicação social implementadas.

Os robôs utilizam vários algoritmos de auto-aprendizagem para se adaptarem melhor ao utilizador. Estes podem centrar-se na implementação de capacidades de diagnóstico. Com a deteção adequada do agravamento dos sintomas - o alarme pode ser utilizado para informar os familiares ou o pessoal médico sobre o estado atual do utilizador.

Em relação à gestão da reputação - o robô pode ajudar o utilizador a fazer escolhas socialmente adequadas. O robô pode tornar-se um companheiro competente do utilizador; por conseguinte, pode também ser competente não só em matéria de precauções de segurança, mas também em matéria de estratégias de manutenção da segurança a fornecer ao utilizador.

Quadro 1. Teoria da motivação social dos níveis de interação homem-robô

Signals	***Human***	***Robot***
Social orienting	*1. Innate attention to faces* *2. Automatic attention capture by social signals* *3. Eye contact effect*	*1. Robots are not stereotypically defined by their face (Ramey, 2006)* *2. Robot gaze is not automatically processed (Admoni et al., 2011; Admoni and Scassellati, 2015)* *3. Eye contact depends on context (Choi, Kim and Kwak, 2013)*
Seeking – liking	*1. Incentive value of social reward stimuli* *2. Pleasure in collaboration* *3. Over-justification effect*	*1. Safety of huggable robots (van Ham, Thomas, Vanderborght, Hollander & Lefeber, 2009)* *2. Prefer robots with similar personality van Breemen et al., 2005; Merel, 2012)* ***3. Robots are inherently altruistic***
Social maintaining	*1. Integration strategies – self and other enhancement* *2. Reputation management* *3. Chameleon effect*	*1. Self-learning algorithms to adapt to the user* *2. Assisting the user in making socially appropriate choices; being a competent companion* *3. Robots can make good psychotherapists (listening and mirroring the other); calm and patient tutors; do not get bored, do not display negative attitude.*

Os robôs podem ser tutores calmos e pacientes; não se aborrecem e não demonstram involuntariamente nervosismo ou atitude negativa. Se seguirem estas diretrizes de conceção, os futuros robôs de assistência ajudarão as pessoas a revelar as suas vantagens na realização de trabalhos que exijam "arte, avaliação, discernimento e diplomacia" (Takayama et al., 2008). A segurança da interação homem-robô pode ser mantida informando o utilizador sobre estes aspectos da atribuição de tarefas propostas a robôs e a pessoas.

Neste capítulo, descreve-se um modelo de aceitação pelo utilizador de sistemas robóticos socialmente competentes, com base na análise de segurança da interação homem-robô acima referida (figura 4). Propõe-se iniciar a análise da aceitação pelo utilizador de robôs socialmente competentes a partir do nível superior dos sinais de motivação social até aos comportamentos básicos do robô definidos pela tarefa. Os níveis de motivação social apresentados na coluna da esquerda do quadro 1 estão relacionados na figura 4 com os respectivos níveis de comportamento social do robô da seguinte forma: O nível de "manutenção social" corresponde ao nível de competência social do robô; o nível de "procura - gosto" corresponde ao nível de competência emocional do robô e o nível de "orientação social" corresponde ao nível de comportamento social automático do robô.

O conjunto de comportamentos observados do robô está dividido em quatro grupos de complexidade comportamental crescente. A linha de base é o conjunto de comportamentos definidos por tarefas, que são as competências básicas do robô - limpar, cozinhar, levantar, transportar, tocar instrumentos musicais, etc. Um passo acima das funcionalidades básicas dependentes da tarefa estão os comportamentos sociais automáticos pré-programados - responder ao seu nome, sorrir, olhar, gesticular, linguagem corporal, etc. Seguem-se os comportamentos que mostram a gama de competências emocionais do robô - estilos de interação, tipo de personalidade, etc.

O nível mais elevado é o da competência social do robô - não só para executar comportamentos como dar conselhos ou imitar o utilizador, mas também para fornecer uma explicação coerente das suas próprias intenções. A capacidade de diálogo complexo (falado, escrito ou gestual) é um elemento necessário deste nível de interação utilizador-robô.

Os utilizadores estão a ser entrevistados sobre o conjunto desejado de comportamentos do robô, começando de cima para baixo. Se os comportamentos sociais complexos não forem aceitáveis, a entrevista prossegue para o nível emocional e assim por diante. Por fim, é tomada uma decisão sobre se o conjunto de funções básicas é necessário e aceitável para o utilizador atual (Dimitrova & Lekova, 2012).

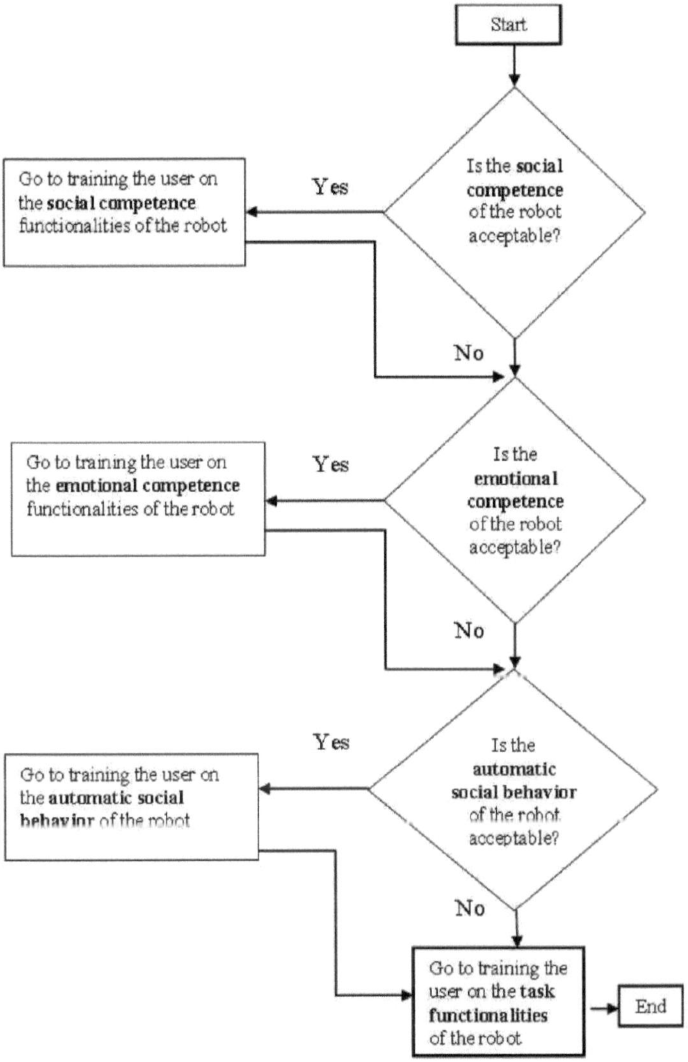

Figura 4. Um modelo de aceitação pelo utilizador de sistemas robóticos socialmente competentes

A remodelação e a reciclagem são sempre possíveis para aumentar a competência social do robô. Esta abordagem fornecerá ao utilizador uma visão clara e compreensível dos comportamentos possíveis e implausíveis do robô, o que pode contribuir para a segurança geral da interação e diminuir a taxa de falsos alarmes, que é o aspeto mais importante para tornar a ajuda robótica eficiente e natural para o utilizador.

Capítulo 4. Processamento Gestalt na Interação Homem-Robot: Uma Nova Conta para a Investigação do Autismo

Com o atual interesse crescente em sistemas robóticos que entram na reabilitação - física e psicológica - é necessário formular novos princípios de comunicação entre o utilizador e o robô em contextos em que o robô se tornou um assistente de todo o processo de reabilitação (Bailey-Van Kuren, 2007). Estes princípios são de natureza cognitiva e ajudam a compreender de forma contemporânea os impactos cognitivos da introdução de novas tecnologias interactivas, como a interação utilizador-robô baseada em ecrãs tácteis (Hashimoto, Ishida, Inami, & Igarashi, 2011), robôs que compreendem a voz (Kim, Leyzberg, Tsui, e Scassellati, 2009) e gestos (Hafner e Kaplan, 2005), implementados e utilizados em contextos clínicos.

O quadro teórico proposto para o processamento cognitivo subjacente à interação homem-robô atual baseia-se na seguinte definição teórica de Gestalt proposta por Barry Smith: "Uma Gestalt é um todo de relações, mas em certas circunstâncias apenas uma parte desse todo pode ser percebida - e essa parte pode ser uma Gestalt por direito próprio. De facto, só em certos casos simples, por exemplo, padrões visuais simples, é que toda a Gestalt pode ser percebida num olhar intuitivo. Nos casos mais complicados, isso não é possível e, quanto maior for a multiplicidade de relações entre as partes de um dado campo, menos será possível apreender todas as relações simultaneamente. Só podemos apreender a Gestalt se formos de alguma forma capazes, através de um processo cumulativo que envolva as operações da memória, de unificar tudo num só olhar intelectual, e um processo discursivo deste tipo é de facto indispensável se quisermos apreender uma melodia ou outra Gestalt que envolva qualquer tipo de sucessão temporal" (Smith, 1988, p. 25).

A cognição humana - numa perspetiva de desenvolvimento - acumula a informação recebida em Gestalts - entidades que representam a totalidade da informação num **único olhar intelectual**, de forma recursiva e adaptativa. No autismo, por exemplo, a perturbação do fluxo suave deste processo *recursivo* é o principal obstáculo educativo, e é aqui que os robôs têm sido extremamente úteis para lidar com acções repetitivas e mudanças de atenção (Bailey-Van Kuren, 2007; Dimitrova, Vegt, e Barakova, 2012; Huskens, Verschuur, Gillesen, Didden, e Barakova, 2013; Robins, Dautenhahn, e Dubowski, 2006). O facto de serem dispositivos tecnológicos complexos, com muitos pormenores que captam a atenção, mas que são estáveis e previsíveis, torna os robôs ideais para fornecer orientação na educação e na prática de novas competências cognitivas e sociais.

O presente documento centra-se nos princípios e nos elementos recentemente descobertos dos fenómenos da Gestalt na sua relevância para a robótica de reabilitação. Os processos cognitivos, assumidos como Gestalt na sua natureza fenomenológica, emergem no contexto da realidade psicológica da cognição imediata, da recuperação implícita (espontânea) da memória e da natureza autobiográfica da interação homem-agente/robô (Dimitrova e Wagatsuma, 2011). No presente estudo, são propostos dois processos cognitivos - designados por *delimitação* (interna) e *desdobramento.* O termo "desdobramento" foi utilizado pela primeira vez por C. von Ehrenfels (1988, p. 82) para explicar o desdobramento de uma Gestalt no tempo. Aqui, a palavra *desdobramento* é usada para designar um processo dinâmico interno, operacionalmente definido e descrito na presente investigação da emergência do "todo" cognitivo, sendo mais do que a soma das suas partes, tal como a Gestalt está a ser frequentemente definida.

Muitas vezes, o termo Gestalt é utilizado indistintamente com o termo "todo emergente" (Johansson, 1998). A emergência de uma estrutura cognitiva da Gestalt acrescenta forças dinâmicas e psicofísicas, que são diferentes da noção estática de "todo emergente".

Um exemplo eminente da natureza dinâmica do processo emergente é o cubo de Necker, que não pode ser percepcionado como estático, mas que roda à frente dos nossos olhos até à exaustão completa do processo de fixação do olhar (figura 5). A figura ambígua mostra alternadamente a sua parede frontal ou posterior e este processo constante é a reação espontânea do sistema visual humano.

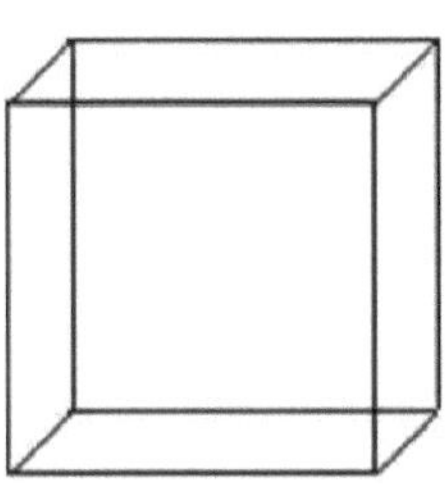

Figura 5. Ilusão de profundidade do cubo de Necker (Adaptado de [http://en.wikipedia.org/wiki/Necker_cube]).

A figura ambígua mostra alternadamente a sua parede frontal ou posterior e este processo constante é a reação espontânea do sistema visual humano. Não menos eminente é o fenómeno de Zeigarnik (1927), introduzido no capítulo 2, que demonstra que as pessoas têm uma memória superior para as actividades cognitivas interrompidas, do que para as concluídas - ou seja, as tarefas mentais (Zeigarnik, 1988, p. 300). A memória da tarefa não resolvida permanece mais tempo, sendo constantemente recuperada nos seus vários aspectos por uma força cognitiva interna à 'figura da tarefa', o que é um processo que consome energia como olhar para o cubo de Necker.

No presente capítulo, a análise centra-se na demonstração de que a educação é possível através do reforço robótico do processamento da Gestalt em crianças com autismo, o que *não é* comparável a métodos educativos alternativos, como a *demonstração* e *a instrução* fornecidas apenas por tutores humanos - e, por conseguinte, muito mais produtivo e útil na educação de crianças com necessidades especiais.

4.1. Tecnologia robótica na investigação do autismo - Melhorar a composição de estruturas Gestalt no processo de cognição

Recentemente, foram propostos vários paradigmas teóricos e experimentais, afirmando que a reabilitação educacional - em particular para as condições do espetro autista (ASC) - é muito mais reforçada se for mediada por instalações complexas de tecnologia cognitiva, como os robots (Huskens et al., 2013; Robins et al., 2006, LeGoff, 2004; Perlin 2004; Tentori & Hayes, 2010) do que pelo paradigma educacional tradicional professor-aluno/pais. O pressuposto, aqui apresentado, é que a aprendizagem socialmente mediada é baseada em estruturas cognitivas profundas da Gestalt, mantendo as relações básicas a serem compreendidas através das explicações eliciadas pelo professor. Mas porque a interação social é emocionalmente redundante na sua influência sobre o aluno, as crianças com autismo socializarão melhor se o processo for mediado por um robô-assistente, sendo menos redundante emocionalmente e mais focado cognitivamente.

LeGoff desenvolveu um instrumento de medição para avaliar a interação social em crianças autistas durante a terapia (2004). Na sua investigação sobre a utilização do Lego© como meio terapêutico, a interação social é distinguida em três elementos: "(1) início do contacto social com os pares, reflexo do interesse social e da motivação para o contacto social; (2) duração da interação social, que reflecte o desenvolvimento de competências de comunicação e de jogo; e (3) diminuição da indiferença e da rigidez autistas, com o desenvolvimento de comportamentos sociais e de jogo adequados à idade" (LeGoff, 2004, p. 557).

Propôs um indicador de interação social, denominado medida de "contacto social auto-iniciado" (SISC). O SISC pode ser observado através de um espelho semi-transparente ou através da amostragem de gravações de vídeo em episódios curtos. Legoff aplicou a metodologia à observação de crianças com ASC e relatou um aumento da quantidade de contacto social auto-iniciado entre estas crianças enquanto brincavam com Lego©. Esta metodologia tornou-se subsequentemente popular para a avaliação quantitativa da influência educativa da tecnologia em crianças com dificuldades de comunicação social.

Ken Perlin concebeu muitas simulações computacionais para a educação (http://mrl.nyu.edu/~perlin/). Entre as numerosas simulações, uma merece especial atenção por implementar uma teoria cognitiva da expressão facial das emoções - a teoria de Paul Ekman, que propôs um Sistema de Codificação da Ação Facial que fornece uma lista de descrições funcionais das expressões do rosto humano (Ekman, Friesen e Hager, (2002). A demonstração do rosto de uma rapariga pode representar as seguintes expressões emocionais: assustada; beijo; desiludida; a dormir; irritada; surpreendida; feliz; arrogante; zangada e a falar. A interface pode manipular o movimento dos seguintes elementos do rosto: sobrancelhas, pálpebras, olhar, cabeça e boca. Estes podem ser manipulados em diferentes direcções ou com comandos como "abrir", "largar" e "fazer careta". Esta aplicação tem ajudado as crianças autistas a aprender a associação entre uma expressão facial holística de emoção (processamento configural) e as partes individuais do rosto que significam expressões emocionais (processamento featural) - como sobrancelhas levantadas de surpresa - e a conseguir integrá-las com sucesso na compreensão de padrões comportamentais. Embora o applet seja bidimensional por natureza, a tridimensionalidade é conseguida através da utilização das leis da perspetiva e a experiência é de imersão na realidade criada. É simultaneamente divertido e educativo e útil para descrever as expressões faciais das emoções das pessoas e reforçar a competência social do aprendente.

MOSOCO é uma tecnologia emergente implementada num smartphone chamado "Mobile Social Compass" (Escobedo, Nguyen, Boyd et al., 2012). Seis competências sociais básicas estão a ser encorajadas, solicitando ao utilizador que inicie o contacto social. O menu apresenta símbolos para as competências sociais básicas - contacto visual, espaço e proximidade, iniciar uma interação, fazer perguntas, partilhar interesses e terminar uma interação. A aplicação MOSOCO revelou-se uma ferramenta extremamente útil como um estímulo em linha para iniciar, manter e terminar a interação social, tanto para alunos típicos como para alunos autistas, bem como para qualquer pessoa que sinta necessidade de melhorar a sua competência social.

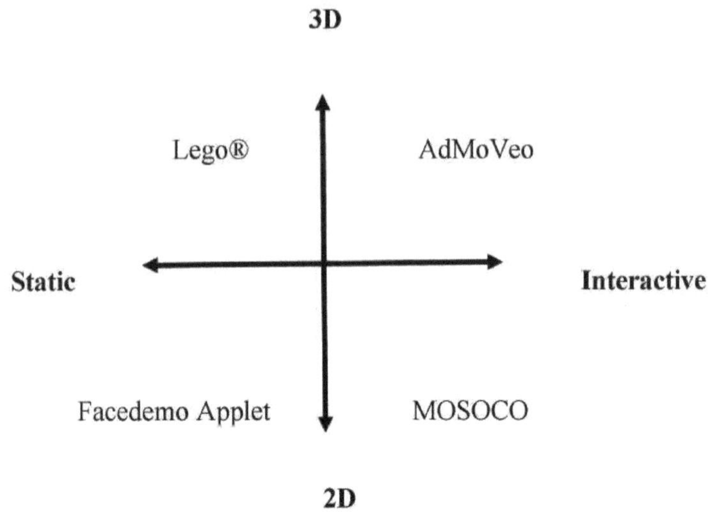

Figura 6. Taxonomia das tecnologias educativas para crianças com CSA

A figura 6 apresenta uma taxonomia das tecnologias cognitivas existentes com base na presença de dois factores de conceção - conceção estática vs. conceção interactiva e conceção bidimensional vs. tridimensional. As ferramentas tecnológicas existentes podem servir as necessidades educativas em geral e as necessidades das crianças autistas em particular. A figura 6 apresenta quatro exemplos de ferramentas tecnológicas amplamente utilizadas para ensinar competências sociais a crianças com CSA - Lego®, o Applet Facedemo concebido por Ken Perlin, a plataforma móvel para instrução de crianças MOSOCO e uma plataforma multi-agente de robôs interactivos para o ensino de competências sociais AdMoVeo de www.admoveo.nl (no sentido contrário ao dos ponteiros do relógio na figura 6). São escolhidos como exemplos do papel da tecnologia cognitiva na melhoria de diferentes competências sociais integradas no nível educativo geral das crianças - contacto social auto-iniciado, descrição de expressões faciais e das respectivas emoções que transmitem, fornecimento de pistas socialmente significativas no processo de comunicação e robôs interactivos que instruem e recompensam jogos colaborativos de crianças com CSA.

Estas 4 capacidades compreendem uma capacidade de cognição social complexa e multinível (ou Gestalt) baseada na tecnologia sofisticada envolvida. A *demonstração* e *a instrução* robóticas são um valioso reforço do processamento da Gestalt em crianças com CSA, com o objetivo de envolver a utilização do sistema de neurónios-espelho no cérebro (Rizzolatti e Fabbri-Destro, 2010), que é poupado no autismo, mas atipicamente modulado (Haffey, Press, O'Connell e Chakrabarti, 2013) para proporcionar uma melhor adaptação epigenética no processo de desenvolvimento da criança (Ferrari, Tramacere, Simpson e Iriki, 2013).

4.2. Processamento cognitivo envolvido na dinâmica da Gestalt

A emergência de entidades holísticas como as imagens a partir de padrões de pixéis e pontos de cor foi explicada em (Johansson, 2006). Os elementos do nível de base são designados por "colecções concretas", estando organizados de acordo com alguma regra, enquanto a "imagem" que emerge destas colecções concretas está organizada ao mesmo tempo de acordo com alguma regra ontologicamente superveniente. Johansson ilustra a ideia do todo emergente com o exemplo do popular smiley :-). Quando os elementos - os sinais de pontuação - são colocados numa ordem arbitrária, existe uma regra básica para preservar o seu formato individual e as suas relações espaciais. Esta regra pode ser válida para a sua configuração espacial e pode definir uma configuração, independente daquela que produz a ideia de um rosto na perceção dos espectadores. A configuração *do rosto* depende das configurações e formatos individuais dos elementos, mas emerge num nível diferente - superveniente -, obedecendo a uma regra diferente nesse nível seguinte - uma regra que descreve um rosto. O que é importante é *ligar* inferencialmente os dois níveis e preservar o nível mais profundo - o significado. A ideia de um rosto é assim **limitada** pelo formato dos elementos individuais e já não tanto pelas suas relações espaciais, uma vez que a regra superveniente assim o exige. Tal como é formulada por Barry Smith: "Isto é, tal como concebemos o todo complexo em [A] como possuindo uma certa propriedade caraterística do todo, também podemos conceber as diferentes partes deste complexo como possuindo as suas próprias propriedades caraterísticas das partes, em virtude das quais elas vêm a constituir esse todo total que é a Gestalt original" (Smith, 1988, p. 54).

Para ilustrar as propriedades parciais preservadas na Gestalt *do smiley*, basta imaginar um smiley numa parede de graffiti ou mesmo um smiley numa pintura de graffiti (semelhante ao efeito figura-fundo). A cor, a tinta e a textura têm as suas próprias propriedades parciais complexas e, no entanto, pertencem ao smiley enquanto rosto. Do ponto de vista da Gestalt, é necessário mencionar outro aspeto do exemplo do smiley como um todo emergente - a noção de *simplicidade* de Max Wertheimer (1958). Atualmente, um smiley é uma entidade de dois elementos - rosto feliz :) e triste :(- com uma base maximamente reduzida e uma riqueza de significado ao nível superveniente - expressando simultaneamente um rosto e uma paleta de emoções - e é uma Gestalt (figura 7).

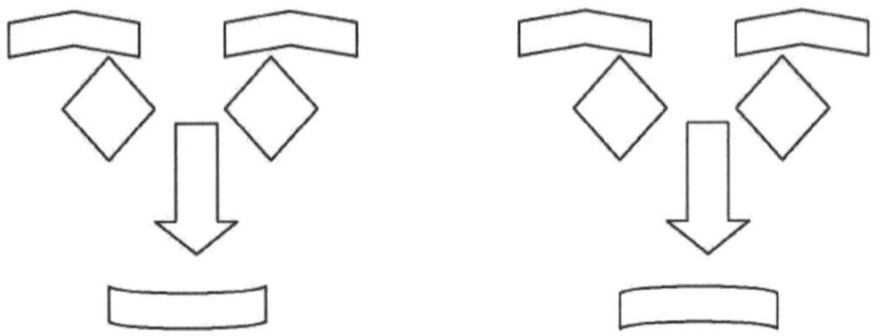

Figura 7. Caras de máquina (robóticas), semelhantes aos emoticons smiley

A Gestalt do smiley é o resultado de um processo cognitivo dinâmico (evoluído no tempo), é imediatamente dado em cognição, memorável, emocionalmente rico e socialmente relevante e reflecte o tipo especial de *complexidade* da Gestalt, tal como definido por Edwin Rausch (1988). As representações convencionais de entidades holísticas, como *os smileys* ou *os novos rostos robóticos*, ganham vida porque captam as qualidades *essenciais* da Gestalt da imagem percepcionada. Por exemplo, na figura 7, os rostos das máquinas (robóticos) assemelham-se aos smileys em termos das reacções internas/emocionais evocadas. Esta é uma descoberta importante que se relaciona com o reconhecimento de rostos em pessoas com deficiência mental (Behrmann, Thomas e Humphreys, 2006).

A hipótese avançada no presente capítulo é que o processo de tradução constante do *reconhecimento da emoção* para o *reconhecimento do rosto* e vice-versa é perturbado na Gestalt do rosto, de uma forma semelhante à perturbação do movimento percetivo do cubo de Necker. Este relato apoia a hipótese de que a perceção autista é uma questão de estilo cognitivo e não de défice cognitivo, o que significa que as caraterísticas autistas estão distribuídas na população geral de pessoas, mas não concentradas apenas na síndrome (Happe, 1999). Por conseguinte, o apoio cognitivo a este processo de tradução pode melhorar a capacidade cognitiva do aprendente.

4.3. Processamento simultâneo configural e natural da Gestalt do rosto

Em 1980, Peter Thompson propôs um novo paradigma experimental para a investigação da perceção, designado por "face thatcherization" (também designado por "ilusão de Thomson") (Thompson, 1980).

Imagine que o rosto, representado na figura 7, é uma fotografia da então primeira-ministra do Reino Unido, Margaret Thatcher.

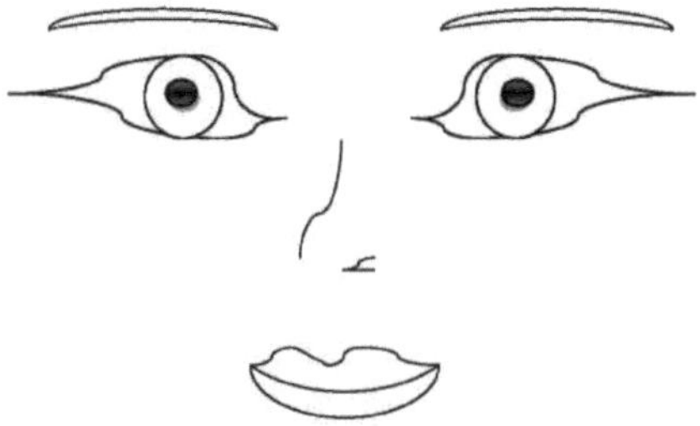

Figura 8. Principais elementos de um rosto, de acordo com as teorias de processamento baseadas em caraterísticas

De acordo com as teorias de processamento de faces humanas baseadas em caraterísticas, os principais elementos, notados e lembrados numa face, são os olhos, o nariz e a boca (Thompson, 1980; Anstis, 2005a). Se, no entanto, distorcermos alguns dos elementos de uma face, estes deverão influenciar a perceção, independentemente da posição da imagem - vertical ou invertida - do ponto de vista do observador. A Figura 9 apresenta a imagem invertida da face à esquerda e a face distorcida invertida à direita. A distorção foi conseguida rodando os olhos da imagem na direção vertical.

Figura 9. A distorção é quase impercetível se as faces forem vistas na posição invertida

Surpreendentemente, se a distorção for vista na posição normal para cima, evoca uma forte reação emocional à face distorcida à direita na figura 10.

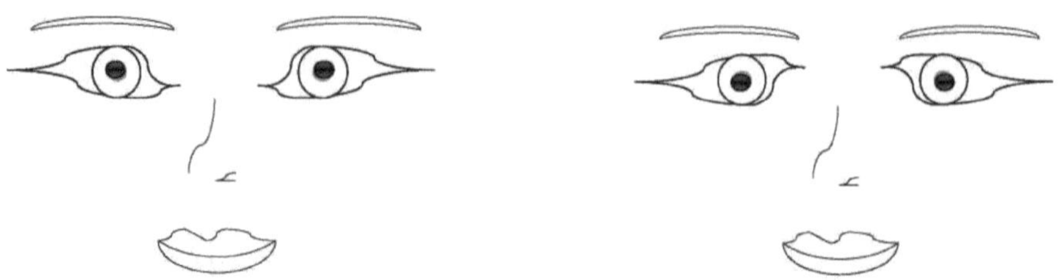

Figura 10. Resposta subjectiva percetível ao rosto distorcido à direita

Esta perceção incongruente de rostos distorcidos na vertical e invertidos foi interpretada pelo autor da ilusão como favorecendo a explicação do processamento configural de rostos - ou seja, que as distorções se tornam perceptíveis numa segunda visualização, enquanto que a perceção de toda a configuração é dominante, como acontece quando se vêem imagens invertidas de rostos. Com fotografias realistas, a reação emocional é muito mais forte, o que levou o autor a comentar ironicamente no final do artigo: "Uma investigação mais aprofundada sobre esta ilusão poderá ajudar a determinar se o reconhecimento de rostos é um processo em série ou paralelo, se é conseguido por analisadores específicos de rostos, à procura de caraterísticas distintivas, ou por alguma gestalt perceptiva. Poderá até dizer-nos algo sobre Margaret Thatcher" (Thompson, 1980) (p. 483).

Stuart Anstis concebeu a chamada "ilusão de Blair" em homenagem a Peter Thompson (Anstis, 2005a). Trata-se de um exemplo do mesmo fenómeno que a "thacherização da face" no domínio do contraste visual. No domínio do contraste - é utilizado um negativo fotográfico de uma imagem. As caraterísticas - olhos e boca - são contrastadas com o resto da imagem. Quando a imagem é vista no seu contraste invertido para o normal, os elementos não invertidos não são percepcionados como grotescos (o que corresponde a ver a imagem invertida de um rosto thacherizado). Muito pelo contrário - e em total paralelismo com o efeito Thatcher - quando a imagem é vista no seu contraste normal, com o contraste invertido dos olhos e da boca, o efeito é igualmente grotesco. Em 2005, Stuart Anstis concluiu o seu artigo sobre descoberta de um efeito no domínio do contraste visual que espelhava o efeito Thatcher no domínio posicional, a que chamou efeito Blair, com as seguintes frases "Lewis e Johnston (1997) descobriram que a ilusão Thatcher ocorre, embora de forma reduzida, quando são utilizados negativos fotográficos. Isto sugere que existem semelhanças entre a ilusão de Blair e a ilusão de Thatcher (da mesma forma que existem semelhanças entre Blair e Thatcher)", referindo-se evidentemente a fenómenos sociais da Gestalt fora da investigação laboratorial.

Um estudo sobre a ilusão de Thompson é apresentado em (Milivojevic, Clapp,

Johnson, e Corballis, 2003). Neste estudo, os efeitos da rotação de um rosto "thatcherizado" são medidos através de testes comportamentais e de potenciais relacionados com eventos. Os principais resultados do estudo são os seguintes. Os autores compararam uma *medida objetiva* do efeito da rotação com a sua contrapartida *subjectiva.* A medida objetiva consistia no relato dos participantes sobre o quão *bizarra* lhes parecia a imagem rodada. Verificou-se que a bizarria depende da orientação relativa - e é gradual, mesmo que não corresponda perfeitamente ao ângulo de rotação. A medida subjectiva consistia em relatar o grau de *desagradabilidade* do rosto. Por conseguinte, a reação emocional era *abrupta* e não contínua. *O estudo é importante na medida em que permite delinear a simultaneidade do processamento objetivo e subjetivo dos rostos pelo nosso sistema cognitivo.* A definição da bizarria de uma imagem é um processo de decomposição e de verificação da realidade dos elementos dessa imagem. A definição da agradabilidade da imagem é o **desdobramento** da ideia de um rosto agradável e a dobragem da imagem bizarra numa entidade configural correspondente a um rosto aproximadamente agradável ou desagradável. Esta experiência capta empiricamente um importante princípio da Gestalt de co-coincidir com a realidade e co-continuar com ela (Smith, 1988). A realidade é normalmente analisada através da decomposição do *carácter dado* do objeto - um rosto - em elementos - a serem posteriormente analisados e decompostos. O processo *de desdobramento* da Gestalt coincide com o processo de *decomposição*, extraindo as partes centrais aproximadas da configuração objetiva - as produzidas pela decomposição - para as dobrar numa entidade cognitiva sem perder o significado dessa entidade - o rosto agradável ou o rosto desagradável.

Um caso especial de processamento Gestalt é a perceção de ilusões. As ilusões fazem-nos ver coisas ou processos que não estão lá - como o quadrado de Kanizsa representado na figura 11. A ilusão de Thatcher e a ilusão de Blair não são, de certa forma, *ilusões* perceptivas em si. Não são ilusões visuais, mas sim efeitos perceptivos, que - no contexto das fotografias das pessoas iniciais - nem sequer são perceptivos, mas sim emocionais, na resposta evocada. Como já foi explicado, a perceção humana é sensível à posição de uma imagem - a posição vertical e a posição invertida - de um rosto humano. É também sensível à posição correspondente dos elementos da imagem - os olhos e a boca.

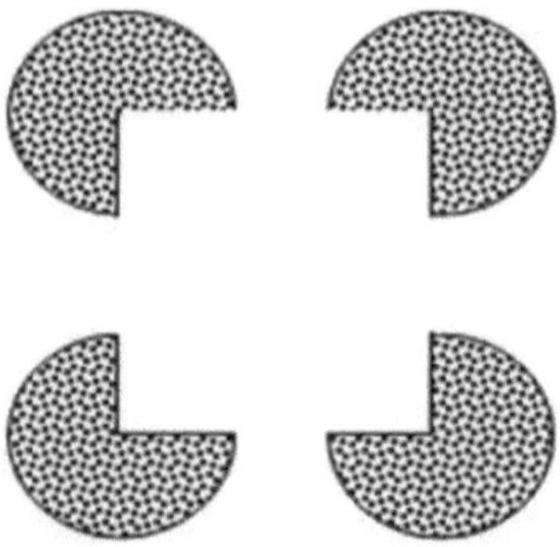

Figura 11. O quadrado de Kanizsa faz-nos ver uma figura inexistente - quadrado branco (Adaptado de [http://en.wikipedia.org/wiki/Optical_illusion]).

Os efeitos comparados da visualização de diferentes orientações da imagem completa e dos elementos invertidos revelam igualmente processos paralelos de exploração visual da configuração completa, por um lado, e dos elementos individuais, por outro. A complexidade da exploração simultânea de duas coisas ao mesmo tempo é revelada pela não homogeneidade destes processos no tempo e no espaço, tal como medido pelos tempos de reação da resposta, pela *avaliação da estranheza* (relatório objetivo) e *pelo juízo de agradabilidade* (relatório subjetivo). No autismo, o movimento cognitivo constante de uma faceta visual da imagem para outra é mais lento e mais serial. A hipótese geral é que a *avaliação da estranheza* seria confundida com o *juízo de agradabilidade* no autismo, onde estes processos são realizados em série e necessitam de um estímulo especial.

4.4. Orientação dos Gestalts visuais e lexicais - pistas novas

Num estudo experimental sobre a perceção visual, que aborda diretamente os fenómenos da Gestalt, foi introduzida uma nova pista da Gestalt para a atribuição da figura ao fundo (Vechera, Vogel e Woodman, 2002). A organização do primeiro plano em relação ao fundo é um fator determinante para as decisões sobre os objectos vistos entre os elementos da imagem. Um conjunto bem conhecido de pistas perceptivas que são frequentemente designadas por pistas da Gestalt são o tamanho ou a área, a simetria e os julgamentos de convexidade vs. concavidade. Assume-se geralmente que as figuras são "pequenas, simétricas e convexas". Os autores colocaram a questão de saber se estas pistas são tudo o que é necessário para que uma região da imagem seja julgada como uma figura. O principal resultado deste estudo é que as regiões na parte inferior de um conjunto de estímulos parecem mais *figurativas* do que as regiões na parte superior do ecrã.

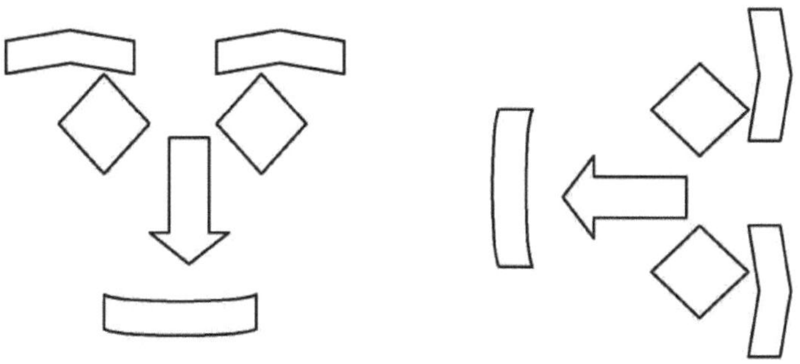

Figura 12. Faces de máquinas, percepcionadas como mais semelhantes a figuras (esquerda) e menos semelhantes a figuras (direita)

O efeito cognitivo é que uma imagem ambígua é mais frequentemente julgada como contendo uma figura quando posicionada de cima para baixo, do que quando posicionada da esquerda para a direita. De acordo com os resultados das suas experiências, a face da máquina (robótica) à esquerda na figura 12 deveria ser percepcionada como mais semelhante a uma figura do que a da direita. Os autores realizaram 8 experiências e verificaram que se tratava de um fenómeno robusto. O efeito é relativo à *linha do horizonte* horizontal e os autores sugerem que a preferência pela região inferior está ligada às pistas de perceção da profundidade pictórica. Os autores também discutem a possibilidade de existirem mecanismos neuronais no córtex visual para explicar tanto a perceção da profundidade como a preferência figural pela região inferior (Vechera et al., 2002).

No domínio lexical, um efeito semelhante do processamento holístico de palavras é descrito em (Anstis, 2005b). Foram apresentados aos espectadores pares de palavras de três letras em rápida sucessão e foi-lhes pedido que indicassem se as metades superiores das palavras apresentadas sucessivamente eram idênticas. Surpreendentemente, mesmo quando as metades superiores das palavras eram ortograficamente idênticas, a taxa de erro era mais elevada do que o esperado e em comparação com a correspondência de palavras sucessivas idênticas. Como salienta o autor do estudo, Stuart Anstis: "Os alunos estavam a processar as palavras não como partes separáveis, mas holisticamente como unidades perceptuais que não podiam ser perceptualmente separadas. Estes resultados mostram que, em circunstâncias normais, o sistema visual não pode, ou não o faz, dividir as palavras em metades superiores e inferiores" (Anstis, 2005b, p. 239). O autor relaciona os resultados do seu estudo com estudos de perceção visual de rostos como prova de que o mecanismo de processamento holístico nos domínios visual e lexical é essencialmente o mesmo.

Esta regularidade da cognição tem a ver com a geometria da representação interna do mundo externo, que de alguma forma, na maioria das vezes, se aproxima do espaço euclidiano, de acordo com L.M. Vekker (1976). Na sua teoria da Gestalt na perceção e no pensamento, Vekker postulou que as sensações, as percepções e a imaginação estão num processo constante de **desdobramento** para corresponder e ocupar os lugares exactos dos objectos físicos no ambiente externo. A geometria da representação interna do mundo é abstrata e experimental ao mesmo tempo.

A figura 13, à primeira vista, é um exemplo bastante convincente de escadas semelhantes às escadas da esquerda. Mesmo o contexto (o gato no teto) é notado num segundo exame. É mais provável que as escadas invertidas nos façam lembrar as obras de Escher do que, por exemplo, as escadas normalmente posicionadas (ver http://en.wikipedia.org/wiki/M.C.Escher). Este efeito apoia a ideia da profundidade semântica da aprendizagem espacial, relacionando a experiência da arte com a perceção de Gestalts.

Uma possível interpretação computacional deste efeito de *dominância* do processamento configural sobre o processamento baseado em caraterísticas na visão típica pode ser fornecida pelo método Otsu de segmentação de imagens, tal como ilustrado na figura 14 (Otsu, 1979). É obtido com a caixa de ferramentas de processamento de imagem do Scilab (Galda, 2011) e ilustra a dominância do processamento vertical sobre o horizontal no sistema visual humano.

Figura 13. A figura impossível (à direita) não é percetível como tal à primeira vista

O método Otsu assume que uma imagem de nível de cinzento pode ser dividida em primeiro e segundo plano como uma imagem binária (preto e branco), minimizando a variância intra-classe definida como uma soma ponderada das variâncias das duas classes. As imagens transformadas da figura 13 em imagens Otsu na figura 14 produzem configurações de imagem dominantes, onde os detalhes (como o gato no teto) se perdem.

Figura 14. Segmentação Otsu da figura real (esquerda) e da figura impossível (invertida) (direita)

As pessoas com deficiência visual são superiores no processamento local em detrimento do processamento global e são, portanto, menos susceptíveis ao agrupamento Gestalt (Brosnan et. al, 2004). Parece que a computação do tipo Otsu no cérebro é menos eficiente nas pessoas com deficiência visual do que no processamento cognitivo típico da visão humana.

4.5. Processamento cognitivo dos sinais de comunicação social

A figura 15 apresenta uma possível arquitetura cognitiva e a formalização do processo de aprendizagem através da integração multissensorial. A descrição formal da arquitetura cognitiva proposta, capaz de interpretar sinais de comunicação social, signos e símbolos, baseia-se na integração multissensorial ao nível da *perceção*, no processamento paralelo ao nível da interpretação e da tomada de decisão seguida de *verbalização*, bem como na realização de uma ação (contacto visual, gesto, mímica) ao nível do *comportamento* (Dimitrova, 2015).

A arquitetura cognitiva evolui no circuito fechado do continuum sensor-efector

$$Dev = Cog + Beh, \quad (1)$$

em que *Dev* é a fase atual de aprendizagem por parte da arquitetura cognitiva.

$$Cog = P(v_i,a_i,t_k) + \gamma[I(Ii) + Z(r_j)], \quad (2)$$

em que *Cog* é a perceção multissensorial combinada P(v_i, - visual, a_i-auditiva u t_k - tátil) mais a interpretação da informação recebida *I*, modulada por um índice subjetivo γ (r_j é a correção de feedback).

$$Beh = \tau[B(s_i) + B(s_i)' + B(r_j)], \quad (3)$$

em que *Beh* é a resposta comportamental combinada *B*, modulada por um índice subjetivo τ e *B'* é um conceito espontaneamente recordado, caso contrário 0.

Os diferentes graus de preservação da dinâmica cognitiva conduzirão a diferentes previsões sobre o ritmo de aprendizagem e a eficácia do ensino em situações de robot-tutor ou de tutor humano. Como resultado, podem ser desenvolvidos métodos educativos adaptados às necessidades cognitivas específicas da criança.

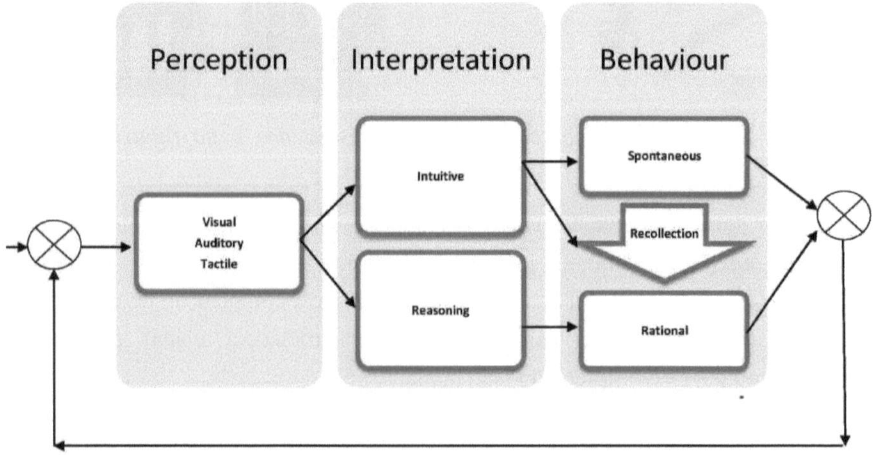

Figura 15. Arquitetura cognitiva do processo de perceção de sinais sociais

Em (Feil-Seifer & Mataric, 2012) é implementado um robô-assistente capaz de classificar automaticamente o comportamento positivo versus o comportamento aversivo da criança e de navegar de forma socialmente consciente. Os robôs deste tipo podem ser aumentados com uma compreensão mais complexa dos Gestalts de aprendizagem emergentes, por um lado, e do processo de evolução da aprendizagem no autismo, por outro. Em (Huskens et al., 2013) foi feita uma comparação direta entre a intervenção de um robô e a intervenção de um tutor humano para tentar avaliar a eficácia da utilização de um robô como método educativo. A quantidade de perguntas auto-iniciadas aumentou e manteve-se em ambos os grupos - controlo (humano-tutor) e experimental (robô NAO), o que levou à conclusão de que ambas as intervenções foram eficazes. Em (Duquette, Michaud e Mercier, 2008), algumas das interações, como o contacto visual e a proximidade física, foram mais eficazes na condição robô-tutor. Este é um resultado promissor que apoia a presente afirmação de que o reforço do processamento da Gestalt produziria melhores resultados no ensino do que a abordagem tradicional de apresentação de novos conhecimentos elemento a elemento. O processamento holístico em paralelo com o processamento de elementos individuais é uma forma plausível de computação natural complexa efectuada pelo cérebro humano.

A análise comparativa apresentada no capítulo sobre a formação de representações cognitivas do ambiente - social e físico - como aspectos da compreensão Gestalt do mundo circundante em pessoas típicas e em pessoas com SCA - revela que a complexidade da adaptação ao mundo pode ser mediada de forma útil por tecnologias cognitivas complexas como os robots educativos-assistivos. A abordagem teórica proposta explica as novas investigações sobre o fenómeno da Gestalt, bem como as descobertas da perceção na SCA, que são úteis para orientar a conceção de robôs-auxiliares no processo educativo. Com a inclusão de robôs nas actividades educativas e instrutivas de todos os aspectos possíveis da vida num futuro próximo, e com o aumento da competência cognitiva implementada na tecnologia, as pessoas com diferentes estilos de aprendizagem e necessidades educativas dependerão de uma instrução personalizada e individualizada. Uma investigação mais aprofundada e uma compreensão mais profunda dos fenómenos da Gestalt na cognição humana serão muito úteis para a construção de tecnologias verdadeiramente inteligentes do futuro, dotadas de capacidades cognitivas e sociais.

Capítulo 5. Ultrapassar a "inquietação visceral" da interação entre humanos e robôs

Estudos recentes revelam que as pessoas percepcionam simultaneamente múltiplos aspectos da agência atribuída ao robô como, por exemplo, "factores viscerais de interação", "mecânica social" e "estruturas sociais" (Young, Sung, Voida, Igarashi, Christensen, e Grinter, 2011) (p. 53). Os autores relacionam os "factores viscerais" com o fenómeno do 'uncanny valley', definido inicialmente por M. Mori (1970) - sempre que a superfície, os atributos físicos do robô excedem um certo grau de semelhança com o humano - surgem sentimentos de desagrado e medo nas pessoas que comunicam com os robôs. Uma das hipóteses que explica este fenómeno é que, a um nível discriminativo subtil, ou seja, "visceral", a sensação de "estranheza" do comportamento do robô emerge, provocando uma reação negativa e, por conseguinte, constituindo um obstáculo à comunicação perfeita entre humanos e robôs (Mori, 1970; MacDorman, 2006; Walters, Syrdal, Dautenhahn, Boekhorst e Koay, 2008). R.K. Moore (2012) propôs recentemente uma nova hipótese sobre a natureza categórica do fenómeno do "vale misterioso". A vantagem do seu modelo é a descrição matemática da discrepância observada entre o conforto subjetivo da interação com o robô e a repulsa súbita pela perceção de que a criatura com quem estamos a comunicar é um não-humano. O seu modelo representa "o humano" como uma distribuição normal de "objectos" com caraterísticas que definem o humano como uma categoria concetual. Esta distribuição é caracterizada pela sua média, desvio padrão e função matemática que é descritiva da forma da distribuição e delimita as fronteiras da categoria. Os representantes da categoria "humano", que partilham caraterísticas muito típicas ou essenciais para a categoria, no espaço percetivo abstrato (ou seja, interno) estão mais próximos do centro da distribuição, enquanto os representantes com caraterísticas menos típicas (ou seja, superficiais ou caraterísticas) estão na periferia da distribuição - ou seja, perto dos limites da categoria. No interior da distribuição, a probabilidade de ocorrência de uma categoria "alvo" - um humano com caraterísticas "humanas" típicas - é maior, pelo que existe uma melhor "previsibilidade" (como antecipação subjectiva) de encontrar um "alvo" humano típico.

Esta distribuição é combinada por Moore com a distribuição da categoria "n on-human", que tem uma variância maior e, por conseguinte, uma amplitude maior abaixo da função de distribuição. A média da segunda distribuição - "de fundo" - não coincide normalmente com a média da distribuição "alvo" em termos de quantidade de caraterísticas, descrevendo essencialmente um "humano" num sentido categorial. No entanto, se estas caraterísticas coincidentes fizerem com que as médias das distribuições se aproximem o suficiente, num dado momento as formas das funções sobrepostas, que denotam limites de categoria, formam uma "função" com dois óptimos no sentido de Mori - um positivo quando um robô humanoide se assemelha a um animal de peluche - e um negativo - quando a interação com o robô gera a sensação de comunicar com um zombie. Esta forma da função foi representada em 3D por B. Duffy com dimensões - aceitação, eficiência e emoção. A aceitação e a eficiência são de sinal positivo, mas a emoção segue a função de Mori, separando duas 'colinas' 3D - do chamado "ideal económico" e do "ideal último", este último representando o "humano artificial perfeito", nas palavras de Duffy (Duffy, 2008) (p. 31).

O modelo de Moore representa a "afinidade" no sentido de Mori como familiaridade mais "tensão perceptiva". A subtração da tensão perceptiva, que desempenha o papel de fator de ponderação interno, à familiaridade, permite prever bem o fenómeno observado. "Se o fator de ponderação for pequeno ou nulo, isso significa que o observador não se apercebe (ou não se importa) de que as pistas perceptivas estão em conflito. Se o fator de ponderação for grande, isso indica uma forte sensibilidade às pistas diferenciais por parte do observador. A ponderação é, portanto, uma propriedade fundamental de um observador, não de um estímulo" (More, 2012) (p. 3). O modelo do "mal-estar visceral" do processo de interação humano-robô, proposto por Moore, visa explicar uma variedade de fenómenos psicológicos quando a perceção de pistas contraditórias numa cena observada pode invocar repulsa, raiva ou agressão e, como tal, tem uma profunda validade social.

Como princípio orientador para o design de robôs humanóides, com base na presente mini-revisão, propõe-se a seguinte concetualização do processo de interação homem-robô: As pessoas percepcionam as outras pessoas (ou robôs humanóides) simultaneamente a três níveis de abstração - físico, social e psicológico - e antecipam as acções dos outros em função do respetivo nível. O nível físico é o caso da "previsão do comportamento em resposta ao comportamento" - como objectos físicos que se chocam ou se evitam uns aos outros. O nível social é semelhante à proposta de "mecânica social" de (Young et al., 2011) - quando as pessoas jogam em equipas com pessoas/robôs e demonstram atitudes de tolerância e afeto em relação a pessoas/robôs. Chamamos a este caso "prever o comportamento em resposta à atitude". Este nível social de comunicação é quando as pessoas percepcionam as atitudes do agente - humano ou robô - positivas, empáticas, amigáveis, de assistência, negativas, rudes, hostis - que a robótica atual é totalmente capaz de restabelecer e onde se deve dedicar o maior esforço na conceção de robôs humanóides.

O nível psicológico da "previsão do comportamento em resposta à opinião" é, na nossa opinião, o caso "estranho". Sempre que as pessoas reagem como se sentissem que o comportamento do robô é guiado não só pela atitude (nível social), mas também pela opinião (nível psicológico), por algum tipo de consciência como a produzida por um "sensor de olhar", esperamos observar o fenómeno do "vale misterioso". Os robôs precisam de sensores sintéticos como o "sensor de olhar", mas não precisam de repor as situações em que o "sensor de olhar" humano está ligado. Podem, isso sim, repor sentimentos de atitude positiva, simpatia, confiança e compaixão. Para explorar a validade desta hipótese, é necessário conceber questionários especiais que distingam sentimentos próximos da perceção de atitude da perceção de opinião na interação entre humanos e robôs.

Capítulo 6. O problema da conceção de sistemas robóticos seguros e socialmente competentes

Um sistema robótico é geralmente constituído por um robô para controlar ou interagir e por uma plataforma de software necessária para adaptar e atualizar as funcionalidades e o comportamento do robô (Finnicum & King, 2011). Por conseguinte, todas as preocupações relativas aos problemas de segurança das redes de telecomunicações aplicam-se ao controlo flexível da "presença física" do robô como o nível menos geral de conceção da segurança. A segurança nas redes de telecomunicações é definida por Hristov e Trifonov (2009) como: "a capacidade do sistema para se proteger contra (suportar, contrariar) factores e efeitos desestabilizadores externos, bem como contra alterações internas, que podem resultar em perigo" (p. 22). Por conseguinte, a possibilidade de intrusões na plataforma robótica e de alteração do comportamento social do robô (alteração interna) pode causar danos de escala ou efeitos imprevistos (Muller e Simpson, 2014; Prescott e MacErlean, 2015).

O nível seguinte em termos de generalidade é o nível de conceção que envolve a "presença social" do robot. Este nível é mais amplo do que o físico, porque pode incluir "navegação, rotação, flexão e coordenação dos membros em movimento", cuja utilidade funcional não é evidente de uma forma direta. O contexto da história da interação homem-robô personalizada terá de ser extraído para compreender o comportamento do robô e definir os procedimentos de segurança para garantir a segurança global do sistema homem-robô. Um dos métodos de introdução do contexto relevante é a leitura da sinalização social no comportamento, frequentemente efectuada através da presença física (gestos, sinais, linguagem corporal, mímica e som). O nível de generalidade mais amplo é o nível de conceção para garantir a segurança global do sistema homem-robô. Inclui possíveis factores de desestabilização imprevistos e previstos no ambiente (por exemplo, a inundação da central eléctrica de Fukushima foi inesperada, pelo que representa um novo obstáculo ao funcionamento normal dos sistemas robóticos), por um lado, e alterações internas, como intrusões na plataforma de software, danos e fugas de informação, bem como a criação de falsos alarmes viciosos, por outro (Dimitrova e Lekova, 2012).

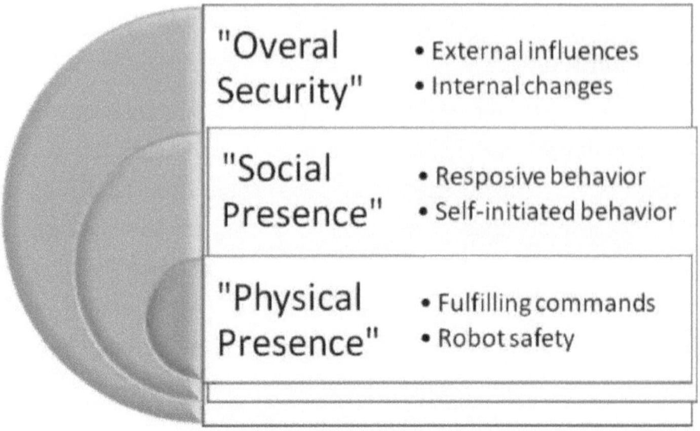

Figura 16. Níveis de conceção para "Segurança geral", "Presença social" e "Presença física" na interação homem-robô

Na figura 16 é apresentado um esquema concetual para manter a segurança de uma plataforma robótica com base na identificação dos níveis de generalidade das tarefas incluídas nos algoritmos de segurança implementados. O nível menos geral é o nível de conceção para manter a "presença física" do robot. Consiste em dois tipos de funções - por um lado, a execução de tarefas e a obediência a comandos - e, por outro, a garantia da segurança global da navegação, rotação, flexão e coordenação dos membros móveis do robô. A plataforma robótica implementada tem de efetuar permanentemente a verificação do modelo, a fim de detetar o mais pequeno erro de desempenho do robô em relação às exigências do utilizador que chegam constantemente.

A monitorização das alterações internas torna-se uma tarefa ainda mais exigente e complicada, e tem de ser efectuada em conjunto com a manutenção da segurança dos outros dois níveis. A magnitude da tarefa de garantir a segurança global e a longo prazo do sistema homem-robô torna-se uma função exponencial da quantidade de rotinas incluídas no nível básico de comportamento do robô. Os robôs são tradicionalmente concebidos para lidar com os perigos do ambiente (factores externos). Não menos importante é o problema de estar consciente da sua própria "saúde mental (ou seja, do software)". Exigir que o utilizador esteja alerta para qualquer uma das peculiaridades do comportamento do robô constituirá um obstáculo, em vez de melhorar todo o processo de interação homem-robô. É necessária uma colaboração entre o utilizador (que dá instruções ao utilizador sobre o que deve monitorizar) e o robô, que é capaz de se auto-regenerar como um sistema de comunicação (Sharman, Raghav Rao H. e Upadhyaya, 2007). Por conseguinte, é inevitável um esquema concertado de formação do utilizador, bem como a adaptação do comportamento do robô às preferências individuais do utilizador , a fim de garantir um nível aceitável de segurança do sistema global homem-robô.

Conclusões e direcções futuras

As teorias da interação homem-robô discutidas ao longo deste livro e a sua influência na conceção de robôs de apoio educativo para contextos de aprendizagem normais e especiais podem ser resumidas em relação a três aspectos principais do problema para compreender a futura interação homem-robô - filosófico, tecnológico e ético.

Aspeto filosófico. Nos últimos anos, parece estar a surgir uma nova ontologia, incluída na palavra "robô", cada vez mais utilizada. Vários estudos e observações no terreno revelaram que a perceção humana de um robô é específica, ou mesmo única, para esta categoria de objectos. Aos olhos das crianças, por exemplo, um robô é uma combinação de uma criatura aparentemente "viva" e, ao mesmo tempo, mecânica. As crianças tratam o robot humanoide de forma diferente de um animal de estimação, de outra criança ou de um brinquedo. Comportam-se em relação ao robô com proteção e respeito ao mesmo tempo. As crianças gostam de acariciar ou mesmo beijar a face de um robô NAO, em vez de lhe tocarem ou darem murros, como fariam com um brinquedo mecânico novo (Dimitrova et al., 2016). As pessoas adultas reagem a um robô humanoide com curiosidade em relação à sua construção e interesse pelas principais funcionalidades do robô. A atenção humana é melhor captada por um comportamento unimodal do robô (movimento, ruído, som ou flash) do que por um comportamento multimodal do robô (ou seja, uma combinação dos elementos acima referidos) (Torta et al., 2015). Se um robô tentar atuar como um professor numa aula de zoologia, as pessoas concentram-se no próprio robô e não prestam atenção à informação fornecida na aula, a não ser que lhes seja explicitamente dito para o fazerem (Dimitrova et al., 2015). Embora as pessoas se concentrem na natureza mecânica do robô humanoide, reconhecem a "presença social" do robô na situação e esperam a manifestação de um comportamento social por parte da criatura mecânica aparentemente "viva". Todos estes factos revelados em situações experimentais e por observações no terreno justificam a suposição de que os robôs (humanóides ou abstractos) podem ser tratados como uma "ontologia de seres" distinta, capaz de um desempenho semi-autónomo e de ser facilmente reprogramada pelos seus criadores ou utilizadores, a fim de se adaptar ou influenciar a atual situação social e ambiental do mundo.

Aspeto tecnológico. Embora o potencial de desenvolvimento futuro desta nova "rob-ontologia" seja enorme, de momento as limitações objectivas (ou seja, materiais e técnicas) são suficientemente grandes para serem discutidas antes de se abordarem as questões do impacto da autonomia, inteligência e competência social dos robôs na vida das pessoas. Os robôs existentes no mercado pesam entre 5 e 20 quilogramas e podem atuar num modo de desprendimento do cabo entre 20 e 45 minutos. Dentro destas limitações técnicas está o desempenho cognitivo dos actuais robôs comerciais e a perspetiva é que a situação não melhore muito nos próximos 10 anos, a menos que sejam inventados novos tipos de chips para processadores e novas baterias. Exemplos de tais sistemas robóticos são: NAO, Pepper, Jibo, Paro, Aibo e Q.bo. Como sistemas robóticos, são constituídos por software, como o Choreographe para o NAO, e por um dispositivo eletromecânico que pode executar os algoritmos implementados dentro dos limites de espaço e tempo acima referidos. Na maioria das vezes e por razões de segurança, são programados como máquinas de estado finito (Beiter, Coltin e Liemhetcharat, 2015). As plataformas robóticas existentes para a investigação sobre as capacidades sintéticas cognitivas, de desenvolvimento e interactivas (raciocínio, emoções e auto-aprendizagem) que podem ser concebidas para serem implementadas em dispositivos semi-autónomos para a "rob-ontologia" estão limitadas ao ambiente laboratorial e, na mesma linha, provavelmente não mudarão nos próximos 10 anos. Essas plataformas são iCub, Kaspar, Probo, ASIMO, Leonardo, iCat (algumas já não estão a ser desenvolvidas).

Aspectos éticos. É referido em (Prescott e MacErlean, 2015) que os regulamentos legais do processo de investigação são importantes porque podem estimular ou proibir e desviar o esforço de investigação, especialmente em áreas científicas relacionadas com o desenvolvimento humano, a educação e a saúde.

A inclusão da "rob-ontologia" na educação carece de regulamentação legal para estimular a utilização de robôs nas escolas. Atualmente, os robôs são utilizados no âmbito da disciplina "informática" (ou seja, ciências da computação) ou em aulas extra-curriculares. Se o ambiente das crianças for povoado de robôs a partir dos 3 anos de idade, isso ajudará a que se sintam à vontade com a tecnologia desde muito cedo, à semelhança do que já acontece com os smartphones e os computadores portáteis. Isto também abrirá um espaço de trabalho para técnicos, engenheiros, programadores de software e equipas multidisciplinares, incluindo psicólogos e professores de educação especial, no jardim de infância e na escola, e dará exemplos de empregos altamente qualificados às crianças. Os educadores aprenderão competências técnicas e de programação para operar as plataformas robóticas. Os robôs ajudarão os professores neste processo, exibindo competências cognitivas e sociais num ambiente de aprendizagem divertido. O processo de implementação da tecnologia robótica na escola será gradual - dos comportamentos simples aos mais complexos do robô. As escolas que decidirem não implementar a robótica ficarão em desvantagem em relação às outras, pelo que será necessária regulamentação legal para promover a nova tendência de utilização de robôs assistentes do professor. Os pais devem ser informados e atraídos para a ideia, salientando as possibilidades que os robôs podem demonstrar no que respeita à formação dos interesses dos seus filhos.

Em (Prescott e MacErlean, 2015), as normas jurídicas para a utilização de robôs são propostas por analogia com outros aspectos da vida. Propõe-se que se centre a atenção na principal funcionalidade do robô: se for utilizado como animal de estimação, devem ser aplicadas as leis de proteção dos animais; se for utilizado como arma, devem ser aplicadas as normas jurídicas relativas ao exército. É realmente importante prever legislação para o tratamento humano de um robot. Embora se trate de um dispositivo técnico que pode desempenhar funções específicas e não específicas (ninguém proibiu partir nozes com um smartphone), a atitude em relação a esta nova "rob-ontologia" pode revelar estados psicológicos do proprietário do robô que, de outra forma, estariam sujeitos a legislação na sociedade humana. Nas empresas japonesas, há brinquedos com a imagem do patrão que os empregados são encorajados a bater ou magoar como método de controlo da raiva ou de gestão da insatisfação. Com os robots, esse comportamento parece inadequado ou, pelo menos, uma questão a debater em discussões jurídicas. Há vários aspectos que devem ser tidos em conta na elaboração de diretrizes para a introdução da tecnologia robótica na educação e na educação especial:

- Ética na utilização de um robô com capacidades cognitivas e sociais como assistente do professor;
- Ética na utilização de um robô com capacidades cognitivas e sociais na comunicação um-para-um;
- Educação das crianças para a ética em relação aos robots;
- Ética na modelação de encontros sociais mistos entre humanos e robôs.

Ética na utilização de um robô com capacidades cognitivas e sociais como assistente do professor. Os robôs com capacidades cognitivas e sociais podem ter diferentes aparências: abstractos (não humanóides), humanóides ou andróides, o que exige uma abordagem diferente para definir as considerações éticas. Um robô abstrato que seja inteligente ou socialmente competente pode ter uma influência estranha na criança, tendo em conta a sua imaginação, emocionalidade ou vulnerabilidade psicológica. É mais adequado incluí-lo no ensino depois de uma certa idade (por exemplo, 10 anos) ou em casos muito limitados, se for utilizado no ensino especial. Do mesmo modo, a aparência androide de um robô pode provocar o fenómeno do "Vale da Estranheza", referido no capítulo 5, quando a criança se assusta com a sensação de comunicar com uma criatura "monstruosa". Em vez disso, um robô humanoide com aspeto mecânico e uma certa, mas não exacta, aparência humana é muito bem aceite pelas crianças (Dimitrova et al., 2016). Os cenários com robôs humanóides podem ajudar as crianças a socializar, dar-lhes confiança por não serem dominadas pelo adulto (pai ou professor) e ajudar a poupar recursos de atenção ao serem atraídas pelo robô de uma forma muito "natural", baseada na curiosidade.

Ética na utilização de um robô com capacidades cognitivas e sociais na comunicação um-para-um . A utilização de um robô com capacidades cognitivas e sociais na comunicação um-para-um tem a utilidade de ajudar a criança a desenvolver as suas próprias capacidades e a descobrir o seu próprio valor, de uma forma semelhante aos processos de socialização precoce e adolescente, quando as relações com os pares são dominantes no seu desenvolvimento psicológico. A situação envolve muitos conhecimentos psicológicos e a competência do robô pode desempenhar um papel importante na prestação de apoio social à criança, com ou sem a participação do adulto no processo (em termos de monitorização ou orientação). As considerações éticas neste caso devem estar próximas do caso da prestação de ajuda psicológica ou terapia e o robot deve ser considerado uma ferramenta padronizada para a intervenção psicológica tanto no ensino normal como no especial. Parece que esta linha de investigação se intensificará em breve e a legislação deve acompanhar o processo, a fim de evitar danos psicológicos ou uma abordagem não profissional do processo de interação criança-robô na comunicação um-para-um.

Educação ética das crianças em relação aos robots. Parece que a introdução de robôs na educação infantil pode estimular o processo de educação ética e de valores humanos mais cedo do que atualmente, o que pode ter um efeito positivo na sociedade em geral. As crianças são ensinadas a ter cuidado com os brinquedos mesmo agora, mas ao colocar o robô no ambiente social circundante, a criança pode adquirir competências para um comportamento ético mais cedo e de uma forma natural. Isto pode resultar em menos comportamentos violentos manifestados durante o crescimento.

Ética na modelação de encontros sociais mistos entre humanos e robôs. Em breve, o ambiente físico ficará sobrepovoado com artefactos robóticos de vários tipos e dimensões (já o vemos com os drones). O nível tecnológico da robótica atual não permite ter à volta dispositivos electromecânicos não tripulados, mesmo quando os carros sem condutor se tornarem uma realidade. Por conseguinte, as crianças estarão rodeadas de pares homem-robô nas ruas, na escola, nos parques infantis, nos transportes, nas lojas, etc. Isto pode causar problemas éticos ainda maiores do que se pensa atualmente. A criança terá de ser capaz de reagir de forma diferente a um humano ou a um dispositivo eletromecânico com capacidades cognitivas e sociais. A proposta é proporcionar um treino gradual, passo a passo, na comunicação com o robô, tal como descrito no capítulo 6, começando por compreender primeiro as funcionalidades sociais. Em seguida, é necessário aprender as funcionalidades de comunicação emocional do robô (ou seja, a capacidade empática). Depois de receber formação sobre as possíveis reacções do robô a estímulos sociais ou emocionais, a criança pode aprender quais são as funcionalidades práticas do robô. A introdução dos robots em todos os aspectos da vida exigirá uma competência de comunicação social ainda maior por parte das pessoas e o processo de aprendizagem deve começar na infância, o mais cedo possível.

Agradecimentos. Estou grato ao Professor Barry Smith e ao Professor Ingvar Johansson do IFOMIS, Universidade de Saarland, Alemanha, por partilharem o seu trabalho e ideias sobre a teoria da Gestalt. Parte deste trabalho foi realizado enquanto o primeiro autor estava num programa de bolsas de estudo JSPS Invitation Program for Research in Japan FY2014 ID No. S-14156 no Kyushu Institute of Technology (KYUTECH). Este trabalho foi parcialmente apoiado pelo EEA Grant No D03-90/27.05.2015 para o projeto "METEMSS: Methodologies and Technologies for Enhancing the Motor and Social Skills of Children with Developmental Problems".

Referências

Admoni, H., Bank, C., Tan, J., Toneva, M., & Scassellati, B. (2011). Robot gaze does not reflexively cue human attention. *Proc. da 33ª Conferência Anual da Sociedade de Ciências Cognitivas* CogSci 2011, Austin TX USA, 2011, 1983-1988.

Admoni, H. & Scassellati B. (2015). A comunicação não-verbal do robô como um problema (e solução) de IA. *Inteligência Artificial para Interação Homem-Robô*, Artigos do Simpósio de outono da AAAI 2015.

Andrist, S., Mutlu, B., & Tapus, A. (2015). Look like me: Combinando a personalidade do robô através do olhar para aumentar a motivação. Nos *Anais da 33ª Conferência Anual da ACM sobre Fatores Humanos em Sistemas de Computação* (CHI '15). ACM. Nova Iorque, NY, EUA, 3603-3612.

Anstis, S. (2005a). Homenagem a Peter Thompson: A ilusão de Tony Blair. *Perception,* 34, 1417-1420.

Anstis, S. (2005b). Processamento holístico de palavras. *Perception,* 34, 237-240.

Bailey-Van Kuren, M. (2007). Soluções robóticas na reabilitação pediátrica. Em S. S. Kommu (Ed.) *Rehabilitation robotics* (pp. 1-12). I-Tech Education and Publishing, Viena, Áustria.

Beiter, M., Coltin, B. & Liemhetcharat, S. (2015). *Uma introdução à robótica com NAO,* Aldebaran, Icones Publ., França, 2015 (p.71).

Behrmann, M., Thomas, C., & Humphreys, K. (2006). Ver de forma diferente: Visual processing in autism. *Tendências em Ciências Cognitivas,* 10(6), 258-264.

Bolte, S., Holtmann, M., Poustka, F. Scheurich, A., & Schmidt L. (2007). Gestalt perception and local-global processing in high-functioning autism. *Journal of Autism and Developmental Disorders,* 37, 1493-1504.

Brosnan, M., Scott, F.J., Fox, S., & Pye, J. (2004). Processamento Gestalt no autismo: falha no processamento de relações perceptuais e as implicações para a compreensão contextual. *Journal of Child Psychology and Psychiatry*, 45 (3), 459-469.

Chevallier, C., Kohls, G., Troiani, V., Brodkin, E.S., & Schultz, R.T. (2012). A teoria da motivação social do autismo . *Tendências em Ciências Cognitivas,* 16(4) 231-239.

Choi,J.J., Kim, Y., & Kwak, S.S. (2013). Quanto menos se olha, mais se recebe: Projetando a evasão do olhar na interação humano-robô. *Archives of Design Research*, 26 (2), 2013, 71-83.

Dimitrova, M. (2015). Processamento de gestalt na interação humano-robô: Um novo relato para a pesquisa do autismo. *BRAIN. Investigação alargada em Inteligência Artificial e Neurociências*, 6 (1-2), 30-42.

Dimitrova, M., Lekova, A., Chavdarov, I., Kostova, S., Krastev, A., 1, Roumenin,C., Stancheva, V., Andreeva, A., Kaburlasos, V.G. & Pachidis, T. (2016). Um quadro multidisciplinar para a combinação da robótica na educação de crianças com necessidades especiais de aprendizagem. *Actas IABL*, Kavala, Grécia (em versão impressa).

Dimitrova, M. & Lekova, A. (2012). Análise de segurança e aceitação usada de sistemas robóticos socialmente competentes. *Revista Internacional sobre Tecnologias da Informação e Segurança*, 4(5), 37-46.

Dimitrova, M., Vegt, N., & Barakova, E. (2012). Designing a system of interactive robots for training collaborative skills to autistic children. *Aprendizagem Colaborativa Interactiva, ICL2012,* Villah, Áustria, 1-8, IEEE Xplore®.

Dimitrova, M. & Wagatsuma, H. (2011). Conceção de agentes Web baseada na memória computacional e na investigação do cérebro. In: N. Tang (Ed.) *Information extraction from the Internet* (pp. 35-56), Hong Kong, China, iConcept Press Ltd.

Dimitrova, M. & Wagatsuma, H. (2015). Projetar robôs humanóides com novos papéis e capacidades sociais, *Lovotics*, 3(1).

Dimitrova, M., Wagatsuma, H., Tripathi, G. N., & Ai, G. (2015). Interações adaptativas e intuitivas com robôs assistentes pedagógicos socialmente competentes. *In IEEE International Conference on Information Technology Based Higher Education and Training* (ITHET), 1-6, IEEE Xplore®.

Dubal, S., Foucher, A., Jouvent, R., & Nadel, J. (2011). O cérebro humano detecta emoções em robôs não humanóides. *Neurociência Social, Cognitiva e Afetiva,* 6(1), 9097.

Duffy, B.R. (2008). Questões fundamentais das máquinas sociais inteligentes afectivas. *The Open Artificial Intelligence Journal,* 2, 21-34.

Duquette, A., Michaud, F., & Mercier, H. (2008). Explorando o uso de um robô móvel como agente de imitação com crianças com autismo de baixa funcionalidade. *Robôs Autónomos,* 24(2), 147-157.

Ekman, P., Friesen, W.V., & Hager, J.C. (2002). *O Sistema de Codificação da Ação Facial.* Segunda edição. Salt Lake City: Research Nexus eBook, Londres: Weidenfeld & Nicolson.

Escobedo, L., Nguyen, D., Boyd, L., Hirano, S., Rangel, A., García, D., Tentori, M., & Hayes, G. R. (2012). MOSOCO: Uma ferramenta de assistência móvel para apoiar crianças com autismo a praticar competências sociais em situações da vida real. *CHI'12,* Austin, Texas, 2589-2598.

Feil-Seifer, D. & Mataric, M.J. (2012). Modelos computacionais baseados na distância para facilitar a interação de robôs com crianças. *Journal of Human-Robot Interaction,* 1(1), 55-77.

Ferrari, P.F., Tramacere, A., Simpson E.A., & Iriki, A. (2013). Neurónios-espelho através das lentes da epigenética. *Tendências em Ciências Cognitivas,* 17(7), 450-457.

Finnicum, M. & S.T. King. Criação de aplicações seguras para robôs. *Actas da 6.ª Conf. USENIX sobre tópicos quentes em segurança,* 2011, 1-6.

Funder, D.C. (2006) Towards a resolution of the personality triad: Persons, situations, and behaviors (Pessoas, situações e comportamentos). *Journal of Research in Personality,* 40, 2, 1-34.

Galda, H. (2011) *Image Processing with Scilab and Image Processing Design Toolbox* http ://forge .scilab.org/index.php/p/IPD/downloads/388/ (recuperado em julho de 2014)

Ghosh, D., Sharman, R., Raghav Rao H., & Upadhyaya, S. Self-healing systems - survey and synthesis. *Decision Support Systems,* 42, 2007, 2164-2185.

Haffey, A., Press, C., O'Connell G., & Chakrabarti, B. (2013). Traços autistas modulam o mimetismo de recompensas sociais, mas não não sociais. *Autism Research,* 12 de agosto, doi: 10.1002/aur.1323, 1-7.

Hafner, V.V. & Kaplan, F. (2005). Aprender a interpretar gestos de apontar: Experiências com robôs autónomos de quatro patas. Em S. Wermter et al. (Eds.): *Biomimetic Neural Learning* (pp. 225-234), LNAI 3575.

Happe, F. (1999). Autismo: Défice cognitivo ou estilo cognitivo? *Tendências em Ciências Cognitivas*, 3 (6), 216-222.

Hashimoto, S., Ishida, A., Inami, M., & Igarashi, T. (2011). TouchMe: Uma manipulação remota de robôs baseada em realidade aumentada. *21st Conferência Internacional sobre Realidade Artificial e Telexistência ICAT11,* Osaka, Japão, 10-6.

Hristov, H. & V. Trifonov (2009). Segurança das redes de telecomunicações: Uma caraterística dominante nos actuais problemas de segurança. *Jornal Internacional sobre Tecnologias da Informação e Segurança*, 2, 19-28.

Huskens, B., Verschuur, R., Gillesen, J., Didden, R., & Barakova, E. (2013). Promover a formulação de perguntas em crianças em idade escolar com distúrbios do espetro do autismo: Eficácia de uma intervenção de robô em comparação com uma intervenção de treinador humano. *Journal of Developmental Neurorehabilitation,* 16 (5), 345-356.

Jaffe, D. (2013) https://web.stanford.edu/class/engr110/2013/07a-Jaffe.pdf (recuperado em março de 2016).

Johansson, I. (1998). O padrão como categoria ontológica. In: N. Guarino (Ed.) Formal *Ontology in Information Systems FOIS 1998,* Amsterdão, IOS Press, 86-94.

Johansson, I. (2006). Regras de inferência, conjuntos emergentes e propriedades supervenientes. *TripleC - Cognição, Comunicação, Cooperação,* ISSN 1726-670X.

Jones, G.V. (1987). Independência e exclusividade entre processos psicológicos: Implications for the structure of recall. *Psychological Review,* 94, 229-235.

Kandel, E. (2013). A nova ciência da mente e o futuro do conhecimento. *Neuron,* 80, 546-560.

Kim, E. S.,Leyzberg, D., Tsui, K.M., & Scassellati, B. (2009). Como as pessoas falam quando ensinam um robô. *HRI '09:4th ACM/IEEE International Conference on HumanRobot Interaction,* ACM, La Jolla, CA, EUA, 23-30.

LeGoff, D. B. (2004). Utilização de LEGO(c) como meio terapêutico para melhorar a competência social. *Journal of Autism and Developmental Disorders,* 34 (5), 557-571.

Liu, Y., Cherkassky, V.L., Minshew, N.J., & Just, M. A. (2011). Autonomia da perceção de nível inferior do processamento global no autismo: Evidências de ativação cerebral e conetividade funcional. *Neuropsicologia,* 49, 2105-2111.

MacDorman, F. (2006). Classificações subjectivas de videoclipes de robôs para semelhança humana, familiaridade e estranheza: Uma exploração do uncanny valley. *Proc. ICCS/CogSci-2006 Long Symposium: Toward Social Mechanisms of Android Science*, Vancouver, Canadá, 26-29.

Merel, B. *Efeito da correspondência entre a personalidade do robô e a do utilizador na aceitação de robôs assistentes domésticos para idosos*. Universidade de Twente, http://essay.utwente.nl/61971/1/EffectPersonalityMatchingOnRobotAcceptance 1482012.pdf (recuperado em outubro de 2014).

Milivojevic, B., Clapp, W.C., Johnson, B.W., & Corballis, M. C. (2003). Vire essa carranca de cabeça para baixo: Efeitos ERP da thatcherização de faces mal orientadas. *Psychophysiology,* 40(6), 967-978.

Mori, M. (1970) Bukimi no Tani Gensho. The Uncanny Valley (K.F. MacDorman & T. Minato, Trans.) *Energy,* 7, 4, 33-35.

Moore, R.K. (2012) Uma explicação Bayesiana do efeito "Uncanny Valley" e fenómenos psicológicos relacionados. *Nature Scientific Relatórios*, 2, 864, doi:10.1038/srep00864.

Muller, V.C. & Simpson, T.W. (2014). Robôs assassinos: Regular, não proibir. *Universidade de Oxford, Blavatnik School of Government Policy Memo,* Nov. 2014, 1-4.

Otsu, N. (1979). Um método de seleção de limiares a partir do histograma de níveis de cinzento. *IEEE Transactions on Systems, Man and Cybernetics*, 9, 62-66.

Perlin, K. (2004). www. mll .nyu. edu/~perlin/facedemo

Pfeiffer, U.L., Vogeley, K. & Schilbach, L. (2013) From gaze cueing to dual eyetracking: Novas abordagens para investigar os correlatos neurais do olhar na interação social. *Neuroscience & Biobehavioral Reviews,* 37, 10, Parte 2, 2516-2528.

Poel, M., Heylen, D., Nijholt, A. & Meulemans M. (2007). Gaze behaviour, believability, likeability and the iCat. *Proc. do 6º Workshop sobre Design de Inteligência Social,* Trento, Itália, 2007, 109-124.

Prescott, T. & MacErlean, N. (2015). Onde é que precisamos de novas leis? *Robotics Law Journal.*

Ramey, C.H. (2006). Um inventário de caraterísticas relatadas para computadores domésticos, robots e seres humanos: Aplicações para a ciência androide e o uncanny valley. *Proc. do Simpósio Longo ICCS/CogSci-2006: Toward Social Mechanisms of Android Science*, Vancouver, Canadá, 21-25.

Rausch, E. (1988). Edwin Rausch: A morfologia ontológica da Gestalten. Em B. Smith (Ed.), *Foundations of Gestalt Theory* (pp. 50-58), Munchen-Vien: Philosophia Verlag.

Rizzolatti, G. & Fabbri-Destro, M. (2010). Neurónios-espelho: da descoberta ao autismo. *Experimental Brain Research,* 200 (3-4), 223-237.

Robins, B., Dautenhahn, K., & Dubowski, J. (2006). Does appearance matter in the interaction of children with autism with a humanoid robot? *Estudos de Interação,* 7 (3), 479-512.

Schilbach, L. (2014). Sobre a relação da cognição social online e offline. *Frontiers in Human Neuroscience,* vol. 8, Artigo 278.

Smith, B. (1988) Gestalt theory: An essay in philosophy (pp. 11-81), em B. Smith (Ed.), *Foundations of Gestalt theory*, Munchen-Vien: Philosophia Verlag.

Takayama, L., Nass, C. & Ju, W (2008). Para além de sujos, perigosos e aborrecidos: What everyday people think robots should do. *Proc. da Conferência de Interação Homem-Robot HRI2008,* Amesterdão, NL, 25-32.

Tentori, M., & Hayes, G. R. (2010). Designing for interaction immediacy to enhance social skills of children with autism (Conceber para o imediatismo da interação para melhorar as competências sociais das crianças com autismo*). Journal of Ubiquitous Computing,* ACM Press, 51-60.

Thompson, P. (1980). Margaret Thatcher: uma nova ilusão. *Perception*, 9, 483-484.

Torta, E., van Heumen, J., Piunti, F., Romeo, L. & Cuijpers, R. (2015). Avaliação de pistas de comunicação unimodais e multimodais para atrair a atenção em interação humano-robô. *International Journal of Social Robotics*, 7, 1, 89-96.

van Breemen, A., Yan, X., & Meerbeek, B. (2005). iCat: um robô animado de interface com o utilizador com personalidade. *Proc. da 4ª Conferência Internacional Conjunta sobre Agentes Autónomos e Sistemas Multiagentes AAMAS '05,* Utrecht, Países Baixos, 143-144.

Van Ham, R., Thomas, S., Vanderborght, B., Hollander, K, & Lefeber, D. (2009). Conceção de actuadores conformes: revisão de actuadores com conformidade passiva ajustável/rigidez controlável para aplicações robóticas. *Revista IEEE Robotics and Automation,* 16 (3) 81-94.

Vechera, S.P., Vogel, E.K., & Woodman G.F. (2002). Região inferior: A new cue for figure-ground assignment. *Journal of Experimental Psychology: General,* 131(2), 194-205.

Vekker, L.M. (1980). Pensamento e intelecto. Capítulo em *Psychological processes,* Volume 2 (em russo).

Von Ehrenfels, C. (1988). Sobre as qualidades da "Gestalt". In: B. Smith (Ed.), *Foundations of Gestalt theory* (pp. 82-117), Munchen-Vien: PhilosophiaVerlag.

Wagatsuma, H. & Yamaguchi, Y. (2007), Neural dynamics of the cognitive map in the hippocampus, *Cognitive Neurodynamics*, 1, 119-141.

Walters, M.L., Syrdal, D.S., Dautenhahn, K., Boekhorst, R.,& Koay, K.L. (2008). Evitar o vale da estranheza: aparência do robô, personalidade e consistência de comportamento num cenário doméstico de procura de atenção para um companheiro robô. *Autonomous Robots*, 24, 2, 159-178.

Wertheimer, M. (1958). Principles of percetual organization. Em D.C. Beardslee & M. Wertheimer (Eds.), *Readings in Perception* (pp. 121-129), Princeton: Van Norstrand.

White, S., O'Reilly, H., & Frith, U. (2009). Cabeças grandes, pequenos pormenores e autismo. *Neuropsychologia*, 47, 1274-1281.

Young, J.E., Sung, J.Y., Voida, A., Igarashi, T., Christensen, H.I., & Grinter, R.E. (2011). Avaliação da interação homem-robô. Focando a experiência holística de interação . *International Journal of Social Robotics,* 3, 53-67.

Zeigarnik, B. (1955). On finished and unfinished tasks. Em Ellis (Ed.), *A source book in Gestalt psychology* (pp. 300-314), Routledge.

Zwickel, J., White, S. J., Senju, A., & Frith, U. (2011). Explorando os blocos de construção da cognição social: perceção espontânea da agência e tomada de perspetiva visual na síndrome de Asperger. *Social Cognitive and Affective Neuroscience,* 6, 564-571.

MIX
Papier aus verantwortungsvollen Quellen
Paper from responsible sources
FSC® C105338

Printed by Books on Demand GmbH, Norderstedt / Germany